——班组长拓展训练指定教材——

班组长拓展训练手册

王明哲　梁永鹏◎著

在磨炼中成长，在训练中坚持，在实践中前行！

拓展→内强素质，外树形象

训练→塑造能力，熔炼团队

企业管理出版社
ENTERPRISE MANAGEMENT PUBLISHING HOUSE

图书在版编目(CIP)数据

班组长拓展训练手册/王明哲,梁永鹏编著.—北京 :企业管理出版社,2015.1
ISBN 978-7-5164-1003-5

Ⅰ.①班… Ⅱ.①王… ②梁… Ⅲ.①班组管理—手册 Ⅳ.①F406.6-62

中国版本图书馆CIP数据核字(2014)第308130号

书　　名:班组长拓展训练手册
作　　者:王明哲　梁永鹏
责任编辑:杨苏敏
书　　号:ISBN 978-7-5164-1003-5
出版发行:企业管理出版社
地　　址:北京市海淀区紫竹院南路17号　　邮编:100048
网　　址:http://www.emph.cn
电　　话:总编室(010)68701719　发行部(010)68701816　编辑部(010)68701408
电子信箱:80147@sina.com
印　　刷:北京柯蓝博泰印务有限公司
经　　销:新华书店
规　　格:170毫米×240毫米　16开本　13.5印张　145千字
版　　次:2015年3月第1版　2015年3月第1次印刷
定　　价:38.00元

前言

拓展训练，又称外展训练(Outward bound 或 Outward development)，是"二战"后兴起的一种户外培训方式。早先主要是为了更好地培训海员，以获得在船舶出事时逃险求生的能力，后来才逐渐运用到企业培训当中。拓展训练作为一种新兴的潜能培训方式，正受到越来越多企业的青睐，它与传统培训方式相比，具有以下一些特点和优势：强调体验和自我教育，具有思想性、挑战性、趣味性、综合活动性以及益智性等特点。在班组中开展拓展训练，能够为班组长和员工培训提供适当的情景，在某种程度上能够模拟班组生产现场，提高班组长和员工的实战能力。因此，对班组长开展必要的、恰当的拓展训练，能够有效地提升班组长的能力和素质。

在现代企业中，班组长是一个班组中的领导者，是企业生产管理的直接指挥者和组织者，也是企业中最基层的负责人，属于兵头将尾。班组长在生产和管理的过程中，有多重身份和角色：班组长既是企业生产的管理人员，又是实现企业生产目标的具体执行人，许多还是技能带头人，班组长的素质和能力决定了班组和企业在未来的发展前景。因此，只有通过科学有效的培训，才能提高班组长的各种能力和素质，为班组长更好地管理班组、更好地履行职责、充分发挥岗位作用提供有利条件。拓展训练由于其具有传统培训不可比拟的优势，能够很好地将培训过程中所获得的各种技能、能力和观念迁移到班组实际的生产情景当中去，因而也就成为企业班组培训竞相开展的一种方式。

具体地说，在现代企业中，班组长所应具备的能力和素质主要有以下一些。

首先,班组长必须对自己的角色以及在班组中的地位等有很好的认知,这是决定班组长在班组中顺利开展工作的前提。这种认知包括班组长对自己的作用和使命、在各种具体工作中的能力和素质要求、开展工作的计划和流程,以及时间管理和创新精神、分析问题与解决问题的能力等方面。这种认知能力是可以通过某些拓展训练获得的。

其次,随着时代的发展,现代企业对班组长的职业素质和品质也有了更高的要求。这些品质主要有:讲究礼仪、诚实守信、爱岗敬业、奉献社会、敢于负责、善于合作等。班组长只有通过培训培养并形成这些品质,才能更好地开展并胜任班组工作,在班组中起好模范带头作用,促使班组从优秀走向卓越。当然,这些职业道德方面的品质也是可以通过拓展训练培养的。譬如,在拓展培训中,通过《职业道德法典的制定》等活动,就能很好地提高班组长这方面的品质。

再次,班组长还必须具有很好的计划和目标管理的能力,在班组工作中必须有明确的计划,并要在不同时期确定相应的目标。在制订计划与确定目标时,班组长必须遵循一定的方法和原则,并在实际贯彻中不断地修订,进行总结、评估,这样才能更好地实现计划和目标管理的功能。在本书中,这种能力主要是通过"垫球""无声毕业墙"等拓展活动进行训练的。

此外,班组长在班组管理中还必须具有很好的执行力、进行恰当的现场管理的能力,以及成本控制、沟通、激励、团队建设等多方面的能力。在拓展训练中,这些能力均可以通过一系列的拓展活动得以开发、形成并迁移到班组工作当中。相关的具体活动和要求在书中均有详细的叙述。

总之,拓展训练是时下开展的一种很好的班组培训方式,通过这种形式的培训,班组长可以更加快速、有效地获得某些能力和素质,并在培训过程中很好地避免传统培训中的一些缺陷,使培训过程中的娱乐性、益智性增强,也即"寓教于乐";从而能使培训产生更好的效果,并提高培训的效率。

第一章 拓展训练是提升班组长能力和素质的有效途径

拓展训练作为一种新兴的潜能培训方式，正受到越来越多企业的青睐。拓展训练强调体验和自我教育，它与传统的培训方式相比，具有思想性、挑战性、趣味性、综合活动性以及益智性等特点。在班组中开展拓展训练，能够为班组长和员工培训提供适当的情境，在某种程度上能够模拟班组生产现场，提高班组长和员工的实战能力。因此，必要的、恰当的拓展训练能够有效地提升班组长的能力和素质。

第二章 给自己定位，班组长的角色认知拓展训练

班组是企业的基层单位和组织，是生产作业的现场和第一线，班组长是班组的领导者和指挥者。不仅如此，班组长还在企业中起着“桥梁”和“中介”的作用：既是上级领导的下属，又是班

组中的领导，有时还是直接的生产者。多重身份和角色决定了班组长必须做好明确定位，进行自我分析，提高各种能力和素质，从而为更好地履行职责奠定坚实的基础。

【拓展活动】 诺亚方舟 搭帐篷 偏向虎山行 飞越激流

第三章 从优秀到卓越，班组长职业品质拓展训练

一个合格的、优秀的班组长，必须有良好的职业品质。这些品质包括讲究礼仪、诚实守信、爱岗敬业、奉献社会、敢于负责、善于合作等。班组长只有在日常工作和生产中注重培养这些品质，并且具备这些能力和素质，才能更好地开展班组工作，才能在班组中起到模范带头作用，从而促使班组从优秀走向卓越。

【拓展活动】 制定《职业道德法典》 信任背摔

第四章 强化基本技能，班组长计划与目标管理能力拓展训练

班组工作必须有明确的计划，并要在不同时期确定相应的目标。因此，计划能力与目标管理能力是班组长能力构成中的重要组成部分。班组长在制订计划与确定目标时，应该遵循一定的方法和原则，并在实际贯彻中及时地进行修订、加强、总结与评估，这样才能更好地使计划和目标得以实现。

第五章 抓好生产作业，班组长现场管理拓展训练

班组生产现场管理是班组长管理工作中的重要环节，也是班组长日常管理工作的中心内容。这一管理涉及诸多事项，如现场的分析与诊断、现场问题的解决、定置管理、目视管理、5S 管理等问题。只有善于运用各种现场管理方法，处理好现场管理中的各种细节问题，班组长才能更好地进行现场管理，切实履行好现场管理的职责。

第六章 提升工作效率，班组长执行力拓展训练

班组长的执行力对于班组的建设与发展具有重要意义。一个班组如果缺少执行力，就不可能按时完成生产任务，也不可能有很好的班组效益。班组的执行力又在很大程度上来源于班组长的执行力，因此，要提高执行力，必须增强班组长的责任意识，加强班组培训和沟通，强化时间管理，建设有效的班组执行文化。通过这些途径和方式，班组长才能更好地提高自己和整个班组的执行力，进而提高工作效率。

【拓展活动】 执行力游戏 神奇的大脑 驿站传书 时间管理

第七章 促进效益管理，班组长成本控制拓展训练

要提高企业和班组的效益就需要加强成本控制，因为只有有效地控制成本，才能最大限度地利用各种资源，才能减少各种消耗，将有限的资源用于扩大生产，进而提高企业和班组的生产规模。要更好地控制成本，就需要加强成本管理，做好开源节流工作，提高员工的综合能力和素质；同时需要加强质量建设、进行民主管理，充分利用各种设备和机器，以降低耗损率。

【拓展活动】 航空公司的经营游戏 制造游戏

第八章 掌握沟通技巧，班组长互动交流拓展训练

班组长是班组的“兵头将尾”。这种作用和地位要求班组长必须在生产和工作中加强与上级领导、班组员工以及其他外部组织和人员的沟通活动。因此，良好的人际关系和沟通技巧是班组长能力素质构成的重要内容。通过沟通，做好上情下达工作，形成班组和谐的人际氛围，维护好班组的外部公众关系，进而促进班组更好地发展。

第九章 运用激励机制，班组长激励艺术拓展训练

有效的激励是提高班组员工工作积极性必不可少的手段。班组长在运用激励艺术时必须讲究方法，并注意一定的原则。同时，班组中各种冲突的存在对班组员工的工作积极性有消极影响，班组长应该正确地使这些冲突得到解决；班组长要创建令员工满意的工作环境，并进行自我激励。这样才能保证班组长以及员工的工作动力。

第十章 增强团队合作,班组长团队建设拓展训练

在现代企业班组中,各种生产任务往往需要以班组团队的形式来实现。因此,加强班组团队建设、打造一流团队成为班组长的重要工作。在班组团队建设中,要重视团队精神的培育、要正确处理团队中的各种冲突 ,加强团队沟通;同时要做好识别人才、任用人才的工作,充分发挥班组成员的聪明才智,改进管理方法,从而为班组团队建设创造更好的条件。

第一章

拓展训练是提升班组长能力和素质的有效途径

1. 拓展训练是新兴的潜能提升训练方式

拓展训练，又称外展训练（Outward bound 或 Outward development），原意为一艘小船驶离平静的港湾，义无反顾地投向未知的旅程，去迎接一次次的挑战。这种训练起源于“二战”期间的英国。当时大西洋商务船队屡遭德国人袭击，许多缺乏经验的年轻海员葬身海底，针对这种情况，汉思等人创办了“阿伯德威海上学校”，训练年轻海员在海上的生存能力和船触礁后的生存技巧，使他们的身体和意志都得到锻炼。战争结束后，许多人认为这种训练仍然可以保留，于是拓展训练的独特创意和训练方式逐渐被推广开来，训练对象也由最初的海员扩大到军人、学生、工商业人员等各类群体，训练目标也由单纯的体能、生存训练扩展到心理训练、人格训练、管理训练等。拓展训练通常利用崇山峻岭、瀚海大川等自然环境，通过精心设计的活动达到“磨炼意志、陶冶情操、完善人格、熔炼团队”的培训目的。

拓展训练强调的是一种体验，是一种由内至外的自我教育。它与传统培训有很大的不同：在传统培训中，绝大多数是传统的灌输或教育，往往易流于形式，或者枯燥乏味，或者名不符实，实际成效并不显著。拓展训练则具有一些设计独特的富有思想性、挑战性和趣味性的培训课目，是一种现代人和现代组织全新的学习方法和培训方式，注重适应人性的心理特征，将大部分课程安排在户外，精心设置了一系列新颖、刺激的情景，让学员主动去体会、去解决问题，在参与、体验的过程中，心理受到挑战、思想得到启发，然后通过讨论总结进行分享、经验交流，感悟种种现代人的情操和管理内涵，体会团队合作的力量无坚不摧、经久不衰的道理。

在我国，拓展训练源自于20世纪70年代，1970年，中国香港成立了香港外展训练学校；1994年，国内第一所专业体验式培训机构——北京拓展训练学校成立。近几年，拓展训练在各大城市正如火如荼地展开。拓展训练逐步走入外企和其他现代化企业的培训日程，成为这些企业建设团队，增强企业凝聚力、员工合作技巧等企业培训的主要途径。

为什么"拓展训练"能有如此的魅力呢？说到企业培训，人们通常会联想到各类文凭培训班或各种MBA培训班，实际上，知识和技能都是有形的资本，而意志和精神则是无形的力量。在实际生活和工作中，动手能力和意志的坚定、坚韧往往比起书本的知识更为有效和实用。同时，如何开发出那些一直潜伏在你身上，而你自己却从未真正了解的力量，怎样才能弄清你与他人的沟通和信任到底能深入到什么程度，这些，就是拓展训练的真正意义。

拓展训练一般具有以下一些显著特点：

(1)综合活动性。拓展训练的所有项目都以体能活动为引导，引发出认知活动、情感活动、意志活动和交往活动，有明确的操作过程，要求学员全身心地投入。

(2)挑战极限。拓展训练的项目都具有一定的难度，表现在心理考验上，需要学员向自己的能力极限挑战，跨越"极限"。

(3)集体中的个性。拓展训练实行分组活动，强调集体合作——力图使每一名学员竭尽全力为集体争取荣誉，同时从集体中吸取巨大的力量和信心，在集体中显示个性。

(4)高峰体验。在克服困难，顺利完成课程要求以后，学员能够体会到发自内心的胜利感和自豪感，获得人生难得的高峰体验。

(5)自我教育。教员只是在课前把课程的内容、目的、要求以及必要的安全注意事项向学员讲清楚，活动中一般不进行讲述，也不参与讨论，充分尊重学员的主体地位和主观能动性。即使在课后的总结中，教员只是点到为止，主要让学员自己来讲，以达到自我教育的目的。

2.

拓展训练的主要课程内容

拓展训练的课程主要由水上、野外和场地三类课程组成。水上课程包括:游泳、跳水、扎筏、划艇等;野外课程包括:远足露营、登山攀岩、野外定向、伞翼滑翔、户外生存技能等;场地课程是在专门的训练场地上,利用各种训练设施,如高架绳网等,开展各种团队组合课程及攀岩、跳跃等心理训练活动。拓展训练通常有以下四个环节:

(1)团队热身。在培训开始时,团队热身活动将有助于加深学员之间的相互了解,消除紧张,加强合作,以便轻松愉悦地投入到各项培训活动中去。

(2)个人项目。本着心理挑战最大、体能冒险最小的原则设计,每项活动对受训者的心理承受力都是一次极大的考验。

(3)团队项目。团队项目以改善受训者的合作意识和受训集体的团队精神为目标,通过复杂而艰巨的活动项目,促进学员之间的信任、理解、默契和配合。

(4)回顾总结。回顾将帮助学员消化、整理、提升训练中的体验,以便达到活动的具体目的。总结能使学员将培训的收获转化到工作中去,以实现整体培训目标。

从课程的具体内容看,在拓展训练中开展的活动相当丰富,形式多样、要求各不相同,同时也具有很好的娱乐性和益智性。如在户外拓展训练中,常见的活动形式就有以下多种:暴风骤雨、大人小人、钉子游戏、反口令、进化论、老鼠大象、数数抱团、撕纸游戏、松鼠游戏、跳棋、同生共死、因为所以、机遇与挑战、齐眉棍、搬椅子、斗转星移、风火轮、呼啦圈、画图、画笑脸、口杯传递、连环手、罗马炮架、毛巾传递、魔法踏板、人体多米诺、卧式传递、圆圈舞、蜘蛛网、飞越激流、三个进球、战俘、打绳结、法柜奇兵、制造游戏、带球赛跑、地雷阵、云梯、滚球运动、垫球、困境、马球大战、急速60秒、偷天陷阱、高空断桥、高空抓杠、高台演讲、信任背摔、CS对战、平衡炸弹、风暴雷震、无声毕业墙等多达1000多例，可谓应有尽有、奇招迭出。通过这些活动的开展，既可以在紧张的工作之余得以放松，娱乐心性；也有益于班组和团队之间的沟通交流，增进彼此之间的信任和协作能力。比如某拓展训练基地的训练就能针对不同的职业人群进行有针对性的拓展训练。

针对班组长人员的学习特点，他们将其需要掌握的团队理论适当引入拓展训练中，由拓展训练培训师引导，调动学员全情投入，在项目实践中体验，在完成任务后感悟。班组长人员在不断的成功与失败中总结培训内容，达到培训效果。对于班组长来说，哪些拓展训练课程适合开展呢？

分组破冰、激情开营，班组长通过分组、团队展示等活动迅速调动情绪，以饱满的情绪迎接下面的挑战。破冰环节中，如果彼此不熟悉，通过彼此肢体接触能够快速消除陌生感，避免由陌生引起的尴尬等现象。好的开始是成功的一半，在分组破冰环节中班组长能够快速进入培训状态，以最佳状态迎接挑战。

班组长是员工的领头人，能否正确管理员工直接影响整个工作效率。在拓展训练中需要用拓展项目引导班组长对人员管理的思考，通过亲身实践体会管理的重要性。合力制胜七巧板项目涉及团队合作、资源配置、信息共享、沟通交流、资源配置、创新观念、高效思维、领导风格、科学决策等管理主题，其包含的管理知识范围很广。通过此培训课程，团队伙伴形成主动沟通的意识，体验有效的沟通渠道和沟通方法，在资源有限的情况下实现资源的合理配置。合力制胜七巧板还强调团队的重要性，即使在竞争状况下也不能忘记团队，合作才能共赢。

班组长作为员工中的精英，需要引领下属以最有效的方式完成工作。在工作中创新，不断改进技术是他们的责任。极速60秒激发团队伙伴的创新思维，在不断尝试中找寻最佳方法，以创新优势取得成功。拓展训练之后，班组长如果将这样的创新意识运用到平时的工作中，一定会有很大的成效。

拓展训练是一种体验式培训，其独特的培训方式恰好符合班组长成员的特性。根据班组长的特点制定专门的培训课程，经过多次实践会有显著成效。

案例中的拓展训练经验和内容很值得我们去借鉴，这些拓展活动易于与员工的实际工作情景相结合，能够很好地培养员工的各种能力和意识，运用到工作当中去，对工作有很好的促进作用。

拓展训练既有室内形式，也有野外进行形式，但大部分的拓展活动都是在户外进行的。野外拓展训练是借鉴先进的团队培训理论，由传统外展训练发展而来的。它利用大自然的各种条件，通过设定具体的任务与规则，结合大自然环境本身存在的各种险阻、艰辛、挫折等困难来提升个人意志力、团队的沟通能力、协作能力、应变能力等为目的的挑战式拓展训练，从而达到激发潜能、熔炼团队的目的。野外拓展的魅力来自于以下几个方面：

(1) 自然之美：如海上日出、原始森林、鸟语花香、天然氧吧、浩阔星空。

(2) 挑战之美：丛林穿越、徒手攀岩、悬崖速降、扎筏泅渡、野外定向。

(3) 心灵之美：团队合作、相互信任、真诚交流、放飞梦想、高峰体验。

通过多种形式的野外拓展训练，参训个人将会获得如下收益：

(1) 体验野外探险乐趣，领略大自然中各种各样的挑战与刺激。

(2) 学习到基本的野外探险技术和生存技巧。

(3) 认识自身潜能，增强自身信心。

(4) 克服心理惰性，磨炼战胜困难的毅力。

(5) 调适身心状态，乐观面对工作与生活的挑战。

(6) 认识群体的作用,增进对集体的参与意识和责任心。

(7) 改善人际关系,学习关心和更融洽地与他人合作。

总之,班组长拓展训练主要围绕以下内容和目标展开:培养团队精神和协作意识、开发员工潜能、提高班组的执行力、加强班组员工之间的沟通与合作、促使班组长和员工挑战自我、开拓创新等,同时将在训练中所获得的多种能力及素质运用到现场管理、绩效管理、成本管理等内容当中去,促使班组长加强工作的计划性,推行目标管理等。

3. 拓展训练的目的、作用及要求

班组长拓展训练的培训对象是员工骨干,他们是员工群体中的佼佼者,经验丰富,工作技能过硬。在培训中他们大多数表现为好动不好静,不喜欢填鸭式的培训,也不喜欢大段的理论说教。对培训师长篇大论的管理理念、管理知识以及价值观方面的讲授,很容易产生抵触情绪。针对班组长的学习特点,在培训过程中把需要学员掌握的内容,先不强迫他们认同,而是通过适时引入拓展训练,调动学员全程投入,经过适当引导使他们感悟。在体验拓展训练成功与失败的过程中自己总结出培训内容,使学员有茅塞顿开、恍然大悟之感。

(1)拓展训练的目的。拓展训练作为一项教学手段,在班组长培训中有以下几个目的:

①强化训练。拓展训练设计出许多模拟的惊险情景,使学员在克服各种障碍,完成任务之后获得人生难得的“高峰体验”。在一个惊心动魄的瞬间,留下刻骨铭心的记忆。通过这种模拟效果,学员加深了对生命的

体验和感受、对团队的认知,并对自己人格和心理品质进行了一次洗礼。这时无论是学员自己的总结、还是他们同伴的总结以及培训师点评的话语,都会深深印在学员的脑子里,这样的理解记忆非常深刻。这一过程,人的身心能力中最突出的、最有潜力的部分,升华到了极致。

②将学到的东西运用到生产和工作之中。无论管理理念还是管理知识,以及价值观、态度等方面的培训,培训内容与实际情况如何有效地结合,如何将培训内容尽快应用到较为复杂的情景中去,一直是这类培训面临的一个难题。拓展训练本身就是一种体验式教学法,而且设计了相对复杂的情景。在训练过程中摆脱了空洞的说教,学员必须充分调动自己的经验,使用培训的内容,来完成训练任务。这样对学员在以后的工作中运用培训内容是一个很好的铺垫。

③激发学习兴趣。成人在接受培训前,都在长期工作生活中积累了大量经验。班组长刚开始总是抱着一种审视的态度去听培训师讲授。这样在培训师与学员之间就形成了一道无形的障碍,影响教员与学生之间的沟通理解,影响培训效果。另外,员工的特点是好动不好静,长时间的听课、讨论易使他们厌倦,造成"人在心不在,用耳不用脑"的情形,培训目的无法达到。在这种情况下就要适时引入拓展训练:这些精心设计的,模拟惊险情景的训练项目,是学员人生经验中从来没有遇到过的,只用以往的经验无法完成这些项目。这就有效地激发了学员参与的积极性与创造性。学员全身心投入训练项目中,有意无意之中就运用了培训内容。即便训练有时会失败,但学员间的讨论、培训师的点评也能使学员豁然开朗,使他们对培训内容由一知半解到逐渐"顿悟"。

④改善学员间的人际关系。参加培训的班组长之间大多不是很熟悉,在开始培训时难免拘谨,讨论、发言不能很快进入角色,培训需要的宽松、愉快、积极动脑、全身心投入的气氛不容易形成。通过参与拓展训练,学员间交流增加、相互帮助、相互提醒、相互鼓励,共同完成训练任务的同时,可在短时间内改善学员间的人际关系,拉近彼此间的距离,为培训顺利完成营造良好的氛围。

(2)拓展训练的作用。拓展训练在班组长培训中的广泛应用,以及在

具体操作中积累的一些经验和教训表明,其作用主要有以下一些:

①拓展人的价值观,培养员工的各种素质。这些素质和价值观主要有:一是积极主动。积极的工作态度和人生态度是拓展精神的核心。乐观自信,从我做起,环境因我而变;坐言起行,言必行,行必果;从内心关怀客户。二是开拓创新。以开放的心态,应对变化,积极进取。三是认真负责。人和事因认真而完美,注重细节是专业化的表现。坚守承诺,积累信用。四是独立协作。独立自主,各司其职,独当一面。个人和企业的竞争力来自个体不可替代的价值。只有个体具有较高的独立性,才有可能带来高水平的协作。局部利益服从整体利益,以双赢的心态创造最大动力。五是共享成功。成功来自每个人的努力和贡献,成功是协作的结晶;共享成功的经验,共享成功的好处。

②对员工进行心理训练。拓展训练是一项旨在协助企业提升员工核心价值的训练过程,通过训练课程能够有效地拓展企业人员的潜能,提升和强化个体的心理素质,帮助企业人员建立高尚而有尊严的人格;同时让团队成员能更深刻地体验个人与企业之间、下级与上级之间、员工与员工之间唇齿相依的关系,从而激发出团队更高昂的工作热诚和拼搏创新的动力,使团队更富凝聚力。

③加强团队协作训练。拓展训练是一套塑造团队活力、推动组织成长的不断增值的训练课程,是专门配合现代企业进行团队建设、提高管理者能力和素质的需要而设计的一套户外体验式模拟训练,是当今欧美及亚洲大型商业机构所采纳的一种有效的训练模式;训练内容丰富生动、寓意深刻,以体验启发作为教育手段,学员参与的训练将成为他们终生难忘的经历,从而让每一个系列的活动中所蕴含的深刻的道理和观念,能牢牢地扎根在团队和每个成员的潜意识中,以便在日后的工作中发挥应有的效用。

(3)拓展训练的要求。

①授之以鱼不如授之以渔。拓展训练要能够给班组长和员工提供处理各种管理工作和日常生产事务中的方法和策略。

传统培训的一面大旗是“缺什么,补什么”,短短三四天的班组长培训，能传授给学员多少技能，学员又能真正掌握多少？拓展训练则不提供任何具体的方法和技巧，重在心理品格的锻炼。在班组长培训中有意识地把握：教会学员如何适应环境，不如增强其心理素质，提高适应性，以不变应万变；交给学员一种具体技能，不如坚定其信心，提高他们的接受能力，让他们自己选择和学习；教育学员如何与他人相处，不如让他们在独特的情景中自己去体验团队的力量；一句话，教给人具体的航海技巧，不如教给他一种面对风浪镇定自若的心态。

②要适时地引入拓展训练。班组长引入拓展训练的时机有一定的技巧。拓展训练作为一项教学手段，要为班组长培训的内容服务。因此引入拓展训练的时机，要视班组长培训的具体内容灵活掌握。无论是在培训开始、中间或最后进行，还是将其分散到每天的培训内容中，都要以能提升学员对培训的兴趣，激发学员思考，印证培训内容为目的，使学员在训练后有所感悟；能有的放矢地结合培训内容，阐述自己的观点，检讨在培训中的得失。

③要以意会为主，言传为辅。每个拓展训练项目都有一个共同的特点，即运用体验式教学法，通过一系列生动、惊险、有趣的游戏和活动，让学员自己从中体会、感悟、总结。即使在训练后总结，培训师也不会像上课时那样滔滔不绝。整个训练过程中，培训师不控制训练结果。培训师在拓展训练过程中的作用在于：组织指导、安全监督、营造气氛、激发学员参与、提出问题、引发学员思考、鼓励学员发言、做最忠实的听众、总结学员观点、激荡学员深入思考。培训师的最后点评，言简意赅，尽量引用学员的话语，鼓励为主。这样，培训内容可以较好地由学员自己内化，有效减少了外部强制灌输。

④开展拓展训练时要做好各种准备工作。“工欲善其事，必先利其器。”前期准备工作是否完善，决定了拓展训练成功与否。这里所说的前期准备包括两方面：一是培训师课前的准备，主要包括：反复检查器械，熟悉训练要求及游戏规则。尽可能提前熟悉学员特点，并针对整体培训内容，制订一到两个实施预案。培训师还要对拓展训练中可能出现的危险情况认真研究，提前采取措施。二是上课开始时培训师帮助学员进行心

理准备，包括明确传达给学员一个信息——不是为了游戏而游戏。培训师要把规则、注意事项讲清楚。培训师要营造一个与拓展训练内容相一致的气氛，引起学员重视，使学员产生责任感，减少随意性。培训师要告诉学员训练结束时，每一个学员都要就训练情况，结合培训内容发言，参与讨论。只有做好这两方面的准备，拓展训练才能在班组长培训中真正发挥作用。

⑤培训师既要当好裁判员，又要做好观察员。训练进行过程中，培训师把握规则的尺度一定要一致，避免引起异议，影响训练效果。培训师在训练过程中，应少说多看，除了涉及安全问题，最好一言不发。仔细观察学员在训练中的表现，并做好记录，为后续引导讨论、总结做好准备。

⑥要在具体实践中不断总结提升，长期探索思考。拓展训练的培训效果是潜在的、间接的，仁者见人，智者见智。如何将潜在的效果与直接的效益相结合，加强拓展训练与企业生产经营、管理实践的联系，提高拓展训练的含金量，使人们更觉得拓展训练的效果看得见、摸得着、清晰可测，是有待进一步探索思考的问题。

4. 开展班组长拓展训练，提高班组长实战能力

在企业班组中开展拓展训练，对于班组的团队建设、组织协调、执行力的提升和实战能力的提高等方面，具有十分重要的作用和非常明显的意义。在班组团队建设和发展中一般要做到以下一些要求：

(1)要建立共同的愿景和目标。心理学家马斯洛说：杰出团队的显著特征，便是具有共同的愿景与目的。因此建立团队的首要要素，就是要建立团队共同的愿景与目的,但是由于人的需求不同、动机不同、价值观不同、内心的恐惧不同,因此要让目标趋于一致存在困难,但是,俗话说"人同此心,心同此理",只要具有同理心,加上熟练的技巧,就能建立共同的目标。

(2)要组织协调与团队的关系。在组织中的各种关系中,存在着正式关系与非正式关系之别:例如,经理与部属,这是正式关系;如两人是同乡,则是非正式关系。团队关系的建立,需要领导者创造环境与机会,协调、沟通、安抚、调整、启发、教育,让团队成员从生疏到熟悉,从开始时的心理上的互相戒备到逐渐开放坦诚,从不稳定到牢固,从排斥到接纳、从怀疑到信任,关系愈稳定、愈信赖,组织内耗愈小,团队效能就愈大。

(3)要建立相应的规章制度。没有规矩无以成方圆,组织中缺乏规范会引起各种不同的问题,如生产缺乏必要的管理制度、作息时间没有清晰的规定、奖惩没有一定的标准,不仅会造成困扰、混乱,也会引起猜测、不信任。当然,制定制度规矩相对容易,如何推行彻底则很困难。领导者必须有能力建立合理的、有利于组织的制度规范,并且促使团队成员认同规范,遵从规范。

(4)必须具备一定的领导能力(做称职的团队领导)。将以上三种要素有效地运用,并能根据情况决定何时、何处、针对何人运用何种策略的能力,便是第四要素——领导能力。领导能力可以说是在动态情况中,运用各种方式,以促使团队目标趋于一致、建立良好的团队关系,以及树立规范的能力。在领导的过程中,使用的技巧有沟通、协调、任务分配、目标设定、激励、教导、评价、适当批评、建议、授权、开会、奖惩等。这些要求,包括对班组长和员工能力素质等方面的要求,均可以通过拓展训练而得到开发,同时也可迁移到实际的班组生产情境当中去。

具体而言,在班组建设与管理中,要求班组长必须具备一定的管理能力、组织协调能力,以及决策领导能力等,同时也要求班组长对自我提出挑战,要不断地超越自我。这些都可以通过拓展训练而获得,如在各种拓展活动中,班组长必须根据活动的目标、任务要求,恰当地分配人员、组建团队,以使任务更好地实现,同时达到锻炼员工的目的。拓展活动对于员工的训练，其目的和作用更加明确，完全是围绕员工在实际生产工作中所需要的各种能力和素质而展开的，如合作沟通能力、团队意识、执行意识，以及信任、诚实等品质。所以，拓展训练对模拟班组生产情境、提高班组的实战能力具有一定的实际作用。这一点，可以从一位班组长参加拓展训练后的感想和体会中得到印证：

3月10日公司员工在人力总监张总的带领下参加了一天的野外拓展训练，虽然精疲力尽，但是从中悟出的道理还是很多。此次野外拓展训练，对我以后的工作和生活能起到影响，让我更加自信和激情。现将心得体会总结如下：

拓展训练教练带领我们用做集体游戏的方式，开导我们多向思维的能力，用游戏来演绎日常工作中会出现的问题，完成一个游戏后一般都会做一个总结，总结我们成功和失败的关键点。在此次的众多游戏中，最让我不能忘记的是：在“穿越电网”的项目中，教练的要求十分严格，不许触网，不许借助外物，否则全部退回重来。整个团队在这个时候显示了无穷的力量，相互信任，总结经验，不断挑战，永不言弃。还合理运用了课堂上所讲到的管理中的PDCA循环法则。这项活动中我体会到只要大家齐心合力，就可以完成看似不可能完成的任务。在工作当中，难免会有不尽如人意的时候，或者是不可预料的意外，这个时候只要大家团结一致，积极地去寻找更佳的解决方法，幸运就会为你打开一扇机会的窗口。到了最后，输赢已经不重要了，整个团队齐心协力的拼搏才是最重要的。

通过此次拓展训练，我明白了：工作中不要因为无知而畏惧；不要因从未尝试过而轻言放弃，只要坚持到底，成功终会属于坚强的人。每一次齐心协力的团结合作，每一次成功之后的喜悦之情，每一次完成项目的坦诚分享，让我们的距离越来越近，彼此之间多了一份了解、多了一份亲切、多了一份友情。个人的力量那么渺小，而团队的力量多么强大。所以一个人的成功不能代表整个团队的成功，只有团队中每个个体相互团结、相互帮助才能共同完成团体的目标。

上述案例中的拓展训练，对有效地促进员工思考、提高相互协作能力、拉近员工之间彼此的心理距离、更好地应对各种挑战，具有较好的作用，同时也有助于员工将这些能力要求迁移到具体的生产和实际情景当中去。

第二章

给自己定位，班组长的角色认知拓展训练

1.

定位角色，班组长就是企业的“兵头将尾”

班组长，即我们常说的“兵头将尾”，论职务是不在册的“官”，但在班组中的地位却举足轻重。班组长是指在生产现场，直接管理少则几人多则几十人的生产作业员工、并对其工作结果负责的人。在不同的企业中，班组长的称呼有时也略有不同，有的叫班长，有的叫组长，有的叫队长，但他们的职责基本相同：就是要按照企业生产经营目标的要求，根据企业有关部门的指令，做好本班组的生产和管理工作，千方百计地完成各项生产技术指标和工作任务。

一般而言，班组长在班组中要担当五种角色，这种角色群现象也反映了班组长在班组中和重要性。

(1)责任者。对企业来说，班组长是基层的管理员，是质量、成本、产量指标达成的最直接的责任者，是企业利润的创造者。

(2)带头人。对作业员工来说，班组长是直接领导、生产指导和作业评价者，是班组员工的帮助者和支持者，是班组的主心骨、带头人。

(3)沟通的中介。对主管人员来说，班组长是主管人员命令和决定的执行者，是主管人员和作业人员之间相互联系沟通的桥梁，是管理观念的传播者。班组长处于各种关系的交汇点，要协调上下级之间、班组之间、班组成员之间的关系，化解矛盾，促进各方面关系的和谐。

(4)同事。对其他班组长来说，班组长是同事、是战友，是协作配合者和竞争者。

(5)助手。对中层管理人员来说，班组长是左右手。显然，企业有了好的班组长，就有了一个坚实的基础，各项工作就有了可靠的保证。而在一些企业中，由于在管理上没有班组长这一层级，只有车间主任这一层，管理起来就很不顺手，以致出现了种种现场问题而得不到及时解决。因此，班组长在企业中的作用是相当重要的。所以，班组长必须对自己的角色有正确的认知，明确自己在班组中应起的作用。下面的拓展活动游戏就是根据培养班组长的角色以及自我认知等方面的能力要求进行设置的。

【拓展活动】 诺亚方舟

游戏类型：自我角色认知

此游戏引用《圣经》中有关诺亚方舟的传说，讲述的是在地球遭遇洪水袭击时，只有诺亚一家乘舟得救的故事。

游戏中，假设你也能搭乘诺亚家的方舟，你会选择哪几种动物同行？由于方舟的空间很有限，在所给的六种动物之中，你只能选其中三种，这六种动物分别是：A. 马；B. 兔子；C. 鹿；D. 羊；E. 鸡；F. 猪。你会让哪些动物搭乘呢？要求把最想让它上船的动物表示在第一，其次表示在第二，最后则是第三。

分析与解答：在自我认知类拓展精神游戏中，诺亚方舟是经常被引用的测验。这主要是由于：动物往往是某种隐喻的象征，代表我们各自潜在心底的愿望。因而，最想搭乘的动物常常代表表象的自我，也就是自我期待的“自我”，而这个“自我”也同时受到周遭人的认可。其次，想要优先搭乘的动物，则代表现在的你，也就是自我期待的东西。最后想让它搭乘的动物则代表自我认为不可能的梦想，也就是意味着未来的自我。

A. 马

马，象征“自我和虚荣心”，而具有聪明、耐力特质的马，极有扬蹄狂奔的强大活力。马所代表的这种类型的人，强烈渴求别人注意他，希望得到周遭的认可。有尝试、接受挑战的勇气和远大的梦想与野心。他们喜欢规律和秩序，也同时会要求别人遵守、维护。有时，容易忘了自己的缺点，而唠叨地指责别人或另一半，或者喋喋不休地对着别人发牢骚。

B. 兔子

选兔子的人，在性情方面基本上是个性温和、善良而且恋家者。处事待人方面，不喜欢花俏、追求变化，总是尽本分地在岗位上孜孜不倦。不会无理强求别人，而且如果碰到喜欢的对象，会不惜以身相许。在这种类型的人身边，环绕着许多好朋友，他们可以在你失败、寂寞时给予安慰和鼓励。但这样的人也存在各种缺点，如面对喜欢的人，不能巧妙地传达自己的情感。

C. 鹿

鹿是代表“努力和谦虚”的动物，因此，你会在尽可能的范围内孜孜不倦地努力，希望得到你在乎的人的认可，而不致爱出风头，期盼得到满堂彩。不在乎周遭的事情，以自我为中心，把自己和他人区分得一清二楚。在生活上，这种类型的人积极自我打算，并且努力朝实现目标而前进。同样的，也不企求别人太过礼遇。对待他人，好恶分明；一旦第一印象欠佳，便很难再博得他的好感。积极确定目标，行动迅速、及时也是这种类型的人的优点。

D. 羊

羊象征“顺从与善良”。它所隐喻的人，向来敬重比自己年长的人和值得信赖的人，为了所信赖的人，可以赴汤蹈火、在所不惜。但由于个性温顺、柔和，有时不免太过自我牺牲，因为服务别人，而导致自己的失败。当然，这种人也绝对不会背叛盟友。对这类人而言，注意与人交际往来是当务之急，不然就很容易陷入迷恋而不可自拔的困境。为了找到适合交往的异性对象，他应该多参加读书会或同乐团体。

E. 鸡

这种动物所隐喻的人，常以先入为主的观念去判断他人：“这个人不行、那种类型最合乎理想”。但从外表来看，这种人是一个对人态度良好、非常顾家又温柔的人。但他必须注意调整自己的态度，好好试着和各种类型的男性、女性打交道。其原因是他虽然很想进一步和男性、女性亲切交谈，但是自己总是拒人于千里之外。他应该将心中所想和行动互相结合，然后主动出击，才是正本清源之道。同时要尝试开阔视野，增广见闻，发现身边的各种机会。此外，这种类型的人也非常容易意气用事而坚持己见。

F. 猪

猪所隐喻的类型的人，有幽默感又喜欢热闹。他有一大嗜好，就是常常和朋友一起饮酒作乐、喧闹欢唱。不过，有时候会感到自己在某些方面缺乏能力而陷入自卑、自怜的处境中，或常常自我反省，会在事后为了某句话而后悔不已。不了解这种类型的人，会觉得他太过讨好别人，有些肤浅、轻率。即使面对这种批评，也似乎不以为意。而且稍微反省之后也不会为了无聊的中伤而苦恼，这正是这种类型的人的最大魅力。

这一拓展活动案例说明：不同的动物有不同的心性，隐喻着不同的人格特征，也象征着不同的角色要求。作为班组长，要明确认识自己在班组中的地位与作用，对自己在班组中的角色应该有很好的把握。在企业班组中，对班组长的角色要求是多方面的：他既要有马的聪明与活力、耐跑而敢于挑战自我，同时也要有兔的温驯、鹿的谦虚与努力、羊的善良等。

然而，在实际工作中，有的班组长并没有做到这些要求：要么忽视自己在班组中的管理者身份，没有明确区分同时作为领导者与直接生产者的两种角色，只是将自己等同于一般的普通员工，从而不能更好地履行生产管理和班组管理的责任。这也导致对自己能力素质的轻视，忽视管理能力的培养，缺乏自我挑战的意识和创新精神等，这些缺陷都是可以在班组拓展训练中发现的。

班组长在生产和管理过程中的这种多重身份和角色，可以在以下具体场景中得以说明：当面对部下时，他应该站在代表经营者的立场上，用领导者的声音说话;面对经营者,他又应站在反映部下心声的立场上,用部下的声音说话;面对他的直接上司,他又必须站在部下和上级辅助人员的立场上讲话。这多种角色和身份决定了班组长不仅要有良好的管理能力,同时也应该掌握良好的沟通、协调技巧,有较好的文化素质和个人修养,能够与不同身份和地位的人打交道;同时,作为直接的生产者,班组长要自己从事各种生产和作业,因此,他又必须掌握现代企业生产所需的各种技能,并要尽可能地高出普通员工一筹,这样才能更好地组织、指挥和从事生产。

随着时代的发展和工作的需要,越来越多的年轻人走上了班组长的岗位,但他们大部分都是靠个人经验和管理中的一些问题,来了解、感悟什么是管理,因此缺乏系统的管理知识。在班组长岗位上,这些人可以分为以下几个类型:

(1)生产技术型。生产技术型的班组长大都是业务尖子,技术高超,处理事故的能力强,但缺乏人际关系的协调能力,工作方法通常都比较简单,常常用对待机器的方法来对待人,因此对这一类的班组长有必要进行人际关系方面的培训。

(2)盲目执行型。盲目执行型的班组长往往缺乏创新和管理能力,唯命是从,不动脑子。常常表现为态度和作风生硬,给人一种官僚主义的感觉,时间长了,下属会看不起他,出了问题他会逃避和推卸责任。

(3)得过且过型。在企业中,有些人勉为其难地当上了班组长,所以上任后往往得过且过,放任自流,对工作没有责任心。似乎工作是给别人干的,上级要求开班前会,他就领着喊两句口号,上级有什么指示,往往到他这里就没有了下文,所以这样的班组长完全是徒有虚名,在班组成员中势必也没有威信。

(4)劳动模范型。劳动模范型的班组长一般在工作中细致、严守规章制度、以身作则、言传身教,但却不适合担任领导工作。劳动模范型的班组长会被下属指挥得团团转,常常感叹自己是“两眼一睁,忙到熄灯”,其结果是你把你的时间交给了下级,下级却把责任交给了你,成了名副其实的反授权。因此,对这部分人如果不进行管理能力方面的培训是很难胜任领导工作的。

(5)哥们儿义气型。这一类型人擅长树立权威，组织能力强，讲哥们儿义气，对待班组成员常常是称兄道弟，像哥们儿一样，在工作中自然也容易感情、意气用事，缺乏原则性。实际上早已把自己混同于非正式团体的小头目了，如果不从哥们儿义气中解脱出来，这班组长就做不成了。

(6) 事必躬亲型。这一类型样样事情都要亲自去做，不相信别人。事必躬亲和以身作则不同，其结果是让员工变懒。试想，如果你总是占着驾驶座而不让别人碰方向盘的话，怎样培养新司机，又会有谁可以在你疲惫的时候给你开车呢？更重要的是，你怎么会有时间思考:这条路走对了吗？

(7)外科医生型。这种班组长在进行管理的时候就如外科医生一样，管理得有条不紊，工作有重点，团队配合默契、交接清楚、全神贯注，而且能抓住重点。在团队里，有时不需要语言，一个眼神、一声咳嗽，都知道彼此如何配合。这种班组长是最好的领导型主管。

大家仔细想想，在自己的身边会发现这几类班组长的原型。要知道，好的管理者需要修炼很多方面。一流的管理者用别人的脑子，二流的管理者用别人的力气，三流的管理者用自己的力气。

以上 7 种类型的班组长由于种种原因，普遍缺乏令人满意的管理能力和处理突发事件的能力，所以导致很好的企业决策在最基层却得不到有效的贯彻和执行，严重地影响了企业的最终效益，甚至还严重地损害了企业的良好形象。

总之，要搞好一个班组的建设，带领班组不断地向前迈进，班组长就必须具备多种能力和素质，包括科学文化素质、专业技能素质、思想道德素质和各种管理协调能力等。班组长要履行好自己的职责、实现好自己的角色，就有必要具备外科医生型的管理者和领导者所具有的能力和素质，而不应该只从事实际的生产工作而不顾管理工作，结果让班组员工放任自流，不能很好地抓好班组建设。

2.

认清使命，知道自己应该干什么

班组长在班组中有着重要的作用。班组是企业的“细胞”，班组管理是企业管理的基础，班组长有两个作用：一是班组长影响着决策的实施，因为决策再好，如果执行不得力，决策也很难落到实处。二是班组长既是承上启下的桥梁，又是联系员工与领导的纽带。

在班组中，班组长也负有多项使命。使命是最根本性的任务，班组长的使命就是在生产现场组织创造利润的生产活动。班组长的使命通常包括五个方面：

(1)提高产品质量。质量关系到市场和客户，班组长要领导员工为企业按时按量地生产产品而努力。

(2)提高生产效率。提高生产效率是指在同样的条件下，通过不断地创新并挖掘生产潜力、改进操作和管理，生产出更多更好的产品。

(3)降低成本。降低成本包括原材料的节省、能源的节约、人力成本的降低，等等。

(4)防止工伤和重大事故。没有安全就没有一切。一定要坚持安全第一，防止工伤和重大事故，包括努力改进机械设备的安全性能，监督职工严格按照操作规程办事等。很多事故都是由于违规操作造成的。

(5)建设一个和谐愉快的团队。班组建设也是班组长的使命，班组长要带领员工在工作中体会生命的意义。

班组长的使命和职责常常是联系在一起的。班组长综合素质的高低决定着企业的各种决策能否顺利地实施，因此班组长是否尽职尽责至关重要。班组长的职责主要包括：

(1)劳务管理。人员的调配、排班、勤务、严格考勤、员工的情绪管理、新进员工的技术培训以及安全操作、生产现场的卫生、班组的建设等都属于劳务管理。

(2)生产管理职责。生产管理职责包括现场作业、人员管理、产品质量、制造成本、材料管理、机器保养等。

(3)辅助上级。班组长应及时、准确地向上级反映工作中的实际情况，提出自己的建议，当好上级领导的参谋助手。但不少班组长目前却仅仅停留在通常的人员调配和生产排班上，没有充分发挥出班组长的领导和示范作用。

上述使命和职责也决定了班组长在班组管理中拥有的一些基本的权限。这些权限主要包括：①有权指挥和管理本班组的生产经营活动。②有权根据生产活动的需要调整本班组的劳动组织。③有权根据本厂的规章制度制定本班组的实施细则。④有权拒绝违章指挥和违章作业。⑤有权向上级提出对本班组职工的奖惩建议。

由于班组长的上述地位、作用、使命和职责，决定了班组长不仅是平时日常工作的组织者、管理者和领导者，同时也决定了班组长在班组生产和管理中要比普通员工有更多的责任，在能力素质方面有更高的要求。

3. 提升能力，优秀班组长必备的能力和素质

班组长是班组生产管理的直接指挥者和组织者，是企业最基层的责任人，同时也是班组中直接的生产者。由于班组长要履行好各种使命，包括提高产品质量、提高生产效率、降低生产成本、防止工伤事故发生等，因此，为了更好地完成生产任务和开展各项管理活动，要求班组长必须具备

以下能力和基本素质。

(1)班组长的能力。班组长需要具备以下能力:一是具备生产指导能力,有较强的现场指挥能力和生产指导能力,促进班组成员操作水平不断提升,超额完成生产经营任务。二是具备专业的作业能力,有较高的本班组生产作业的专业技能,能够科学准确地指导班组成员进行生产作业。三是具备相应的管理能力,能够合理制订班组生产作业目标,并通过具体任务分配促使生产经营目标顺利完成。四是具备信息处理及运用能力,能够及时传达上级的经营决策指令,并及时向上级反馈班组成员的具体落实情况。五是具备组织协调能力,能够组织生产作业和开展员工文化生活等工作,及时协调班组成员之间的关系,提升班组团队的向心力。六是具备激励和培养员工的能力,能够不断激励班组员工,有效地组织员工培训学习,提高员工的工作积极性和主动性。七是具备开拓创新能力,能够通过生产技术创新、工作方法的改进,推动班组生产经营和管理水平的提高。八是具备表达和沟通能力,能够及时与班组成员进行有效的沟通,了解班组成员的想法和要求。

由于班组长在从事管理工作的同时,也要进行直接的生产作业,因而班组长又需要具备以下一些工作和技能上的要求:一是能够清楚班组成员的专长、特点,每个家庭的自然情况,对每一个员工所处的工作岗位了如指掌,心中有数。二是熟悉了解每道工序标准和操作程序的基本内容,并能够对员工进行指导,具备"检验员""培训师""运动员""教练员"的技能。三是掌握科学合理安排班组具体产量、质量、环境、工具负责人的技能,并能进行有效的监督和管控。四是掌握班组各种原始记录统计、整理、分析的技能,能够及时填写各种生产记录和各项报表,做到准时汇总上报。五是掌握一定的计算机及相关文字处理软件的应用技巧,能够适应现代化信息发展的需要。六是掌握本班组生产设备故障排除的技巧,能够在第一时间及时消除隐患和故障,保证生产设备正常运行。七是掌握对班组员工进行沟通的技巧,能够运用合理有效的沟通方式和激励方法,提升员工士气,增强班组凝聚力。

(2)班组长的素质。班组长需要具备以下基本素质:一是要有良好的职业道德素质，愿意为班组成员服务；要有较高的事业心和责任感，有敬业的态度和诚信的品质；要尊重、理解、关爱员工，在生产和日常生活中要时时为员工着想，让员工感受到班组中家庭般的温情；要有模范带头意识，事事以班组和员工为先，身体力行、率先垂范。二是要具有较高的业务技术素质，拥有丰富的实践经验和专业技能，并善于学习新知识、新工艺、新方法，不断提高自己的专业技术水平。三是要具备娴熟的管理素质，管理素质是指班组长有较强的管理意识和管理能力，同时拥有组织能力、协调能力、沟通能力，能充分调动和发挥班组成员的积极性、创造性。工作中主要表现在生产任务管理、班组人员管理、班组沟通协调、激励员工士气等方面。四是拥有很好的身体素质，良好的身体素质是班组长拥有的素质之一，因为一旦班组遇到重活、脏活、累活、险活、难活，班组长应冲在前面，充分体现模范带头作用。五是具备一定的科学文化知识和素质。班组长必须具有一定的文化专业水平，能够满足班组生产管理工作的需要，同时还需要考虑企业生产技术进步、企业发展壮大等因素，能够在工作中学习、在学习中工作，及时进行“充电”，以达到班组长素质资格的要求。六是班组长要有创新精神。一个班组，如果没有创新，就会缺乏向上的动力。班组管理必须与时俱进，以新视角、新理念审视探讨新形势下管理工作的新特点、新方法，才能适应新体制的要求。

作为一名班组长，面对日趋激烈的市场竞争，如果没有创新就不会有班组的发展，墨守成规、固步自封，最终只能阻碍班组的前进，并失去班组员工的凝聚力、号召力和创造力。因此，班组长要有创新管理的意识，要在尊重科学、尊重规律的基础上，通过平时工作中总结的问题和成绩，通过每天处理岗位上的突发事件所得出的经验以及其他部门和班组的优点，并结合自己班组的实际情况，制定相应的管理办法，不断创新管理、革新技术、更新工艺和产品，创造性地开展各项工作。

作为一名班组长，只有做到事事超前，敢于创新，敢于尝试新事物，不断地在探索中创新，在创新中超越，才能将理论和实践相结合，在创新中逐步提高自己的管理水平，使班组管理保持在同行业的先进水平。

4.

掌握工作流程，规划自己的工作

随着社会的发展，在现代班组中的工作也变得越来越多、越来越复杂，这要求班组长在完成本职工作时不仅要有清晰的头脑，同时也应该做好一天的工作计划，制定出有效的工作流程，有计划、有步骤地开展工作，才能更好地完成上级交给的各种使命和任务，更好地实现企业和班组的各种目标。

在一个企业中，不同层级的管理者常常要依据一定的工作流程将企业的战略目标逐步地分解，并转化成各自的工作计划加以实施。只有清楚明白地掌握自己的工作内容并严格遵循一定的作业流程，班组长才能确保管理现场的有条不紊，确保组织战略有效地得以实施。

一般而言，班组长一天的工作常常包括以下内容：①班组员工的早会，这其中又有当日生产安全注意事项、昨日产品质量通报及布置不合格产品处理、当日作业量各工位分解等。②将昨日产量汇报至生产主管处。③员工考勤记录、整理和汇报。④班组生产物料的对接工作。⑤各工位设备点记录检查。⑥首、末件复检及记录填写。⑦质量巡查、巡检记录填写及制造过程事件反馈。⑧班中的生产控制。⑨班组间生产对接。⑩各类突发事件处理。⑪设备、工装维护保养检查。⑫现场 5S 检查。⑬完成上级部门下达的各项临时性任务。

当然，这些工作还只是一个不太完整的清单，班组中还有许多其他的事务并没有在此全部列出；因此可看出班组长的日常工作内容是比较多的，如果没有一个清晰的工作流程，那么就有可能被弄得毫无头绪。但概括起来，可以将班组长一天的工作内容分为五个阶段：第一阶段，计划安排；第二阶段，早会；第三阶段，班前准备；第四阶段，班中控制；第五阶段，班后总结。

其中班组工作计划安排的具体内容如下：

计划安排包含两个方面：工作内容确定和资源拟配。班组长一天的工作内容又可分为日常工作和改进工作，即每天必须完成的常规性工作和为提高管理水平而进行的改善活动。

日常工作是指为完成客户订单必不可少的工作部分，如信息的传递、物料的准备、品质的确认以及与客户的沟通等。这部分工作相对固定，即每天的工作程式大致相同，变化的只是数量上的增减，管理套路基本不变。

改进工作，就是我们通常所说的改善活动。常规性的工作，我们施加固定的力度就可以完成，但要想不断提高管理水平、降低成本，我们就必须反观内省，关注工作中的每一个细节，发掘不合理的潜在因素并加以改善，即持续改进。

资源拟配是指充分利用组织的相关资源以顺利完成工作任务(包括日常工作和改进工作)。基层班组长直接面临一线大众员工，90%的时间和精力消耗在作业现场，因此常常淡忘了客观上存在且可利用的援助通道，即纵向的上司支持和横向的同事协助。保持良好的沟通状态，适时取得可利用的资源是提高工作效率的有利途径。

当然，对一个班组而言，不仅要有日常的生产工作计划，同时也要制订短期计划(如周计划、月计划等)、中期计划和长期计划。因为企业的战略目标通过层层分解，最终落实到班组，班组又必须以工作计划的形式实现企业的生产目标。

计划是管理的四大基本要素之一，是指预先决定要做什么，如何做、何时做、由谁做以及目标是什么等。通过有效地计划，可以使那些本来不一定能实现的事情变得有了实现的途径，杂乱无章的事情变得条理清晰，比较糟糕的事情变得向好的方向转化。班组长作为生产一线的执行者，计划职能显得更为重要。通过精心而周密的计划，才能充分利用各种机会，把工作风险降到最低，才能更好地实现生产目标，完成生产任务。

一般而言，工作计划除了生产计划外，还有以下一些计划：

(1)人员培训计划。主要是指人员在岗培训方面的计划,它是在生产计划的间隙中制订的计划。

(2)轮流值日计划。是班组计划中最基础的日常工作计划,主要是为了配合轮班和5S活动而制定的值日表。

(3)班组活动计划。是一种班组工作空隙中的计划,通常是安排与班组建设有关的娱乐活动。

在制订计划时,要遵循以下程序:

(1)明确组织目标、目的、客户要求和上级指示,并在此基础上构建工作计划纲领。

(2)识别现有资源状况,并与工作计划形成一一对应的关系。

(3)分析全部内容,详细列出初步排程。

(4)运用相关识别失效模式及其效应,采取预防措施,并进行必要的修正。

(5)把工作计划的初稿交予相关人员商讨,提出建议后再次修订。

(6)确定计划内容,报上级批准后发布执行。

同时要明确一定的要求:

(1)切忌计划内容太复杂、苛刻、不宜实施。

(2)千万不要把计划定得太高,员工很难完成。

(3)切忌与大多数人的期望或心理承受力不相符,让他们感觉太意外。

(4)争取上级的支持。缺乏足够支持的计划往往会虎头蛇尾,不了了之。

(5)计划发布后,切忌朝令夕改。

(6)切忌计划内容只看目标,没有具体目的。

(7)计划一旦落空,要有应对措施。

总之,班组工作计划要具有预备性、可执行性等特点,能够有效地指导班组的生产工作,保证班组生产任务按时、按质、按量完成,能够激发员工生产工作的热情和积极性,为班组长更好地开展工作提供相应的条件和必要的保障。

【拓展活动】 搭帐篷

(1)游戏时间

1小时以上。

(2)人数

不限，人数较多时，需要将队员分成若干8～10个人组成的小组。

(3)道具(每个小组)

①1个小帐篷(最好是小型圆顶帐篷和钉丁架起的双人帐篷)。

②1把小锤子(如果搭帐篷需要钉丁的话)。

③1个急救箱。

④每个队员一块蒙眼布。

(4)要求

这一游戏会使一些队员感到受挫，这可以使一些人切身体会到一有机会，自己会变得多么具有统治欲。

(5)目的

①演示人们习惯于承担特定角色这种现象。

②练习以小组为单位有效地解决问题。

(6)准备

帐篷不要过大，以小型的、搭建复杂度适中的帐篷为适宜。如果帐篷可以折叠起来，放入一个小包装袋就更好了。在游戏开始前，不要让任何人看到帐篷。

(7)步骤

①把队员们分成若干个小组，由8～12个人组成。给每个小组分配一个监护员。让各个小组分散开以保证每个小组都有自己充足的活动空间。

②给每个队员发一块蒙眼布，让大家都把自己的眼睛蒙起来。

③大家都已把自己的眼睛蒙起来之后，在每个小组面前放

上一个装在包装袋里的帐篷。

④帐篷放好之后，致游戏开场白。开场白示例如下：你们小组刚刚结束了一次愉快的海外旅行，正处在归国途中。在今天早些时候，你们所乘坐的飞机由于暴风雨的影响被严重损坏。你们遵照飞行员的指令跳伞求生。在离开飞机的时候，你们中的一个人拿到了一个救援包，包里有一个小帐篷。现在正值午夜时分，天上乌云密布，不见一点月光，你们处于一片漆黑之中，又冷又累。你们现在需要尽快地在黑暗中把帐篷搭起来，越快越好，因为暴风雨马上就要再次来临了。祝你们好运！

⑤等所有小组都搭好帐篷之后，或是在你认为游戏应当结束的时候，宣布游戏结束，并引导大家就沟通、教学技术、冲突解决、领导、授权等游戏中涉及的问题展开讨论。

(8)讨论问题示例

①如何能够把帐篷搭得更快更好？

②每个人都充当了什么角色？

③你们在游戏过程中碰到了什么问题？怎样分析问题的？每个人都做了什么？

④游戏过程中有无领导者产生？

⑤是否每个人都感到自己积极参与了整个过程？

⑥如何将这个游戏和我们的实际工作联系起来？

(9)变通

①如果你发现某些人领导欲极强，已经完全控制了整个游戏，你需要改变这种局面，那么，你可以宣布他突然患上了一种罕见的热带丛林病，患上该病的人会立刻失声。

②你可以不告诉队员们袋子里装的是帐篷，只要求他们快速地把袋子里的东西装起来，这样，队员们必须首先判断出袋子里装的是什么。

(10)安全

如果在搭帐篷的过程中用到了钉子，要注意防止出现钉钉子时被锤子砸伤手，或是被钉在地上的钉子绊倒的现象。同时要注意防止大家被搭帐篷用的绳子绊倒，通常在搭帐篷的过程中，绳子会被拉得到处都是。

这一拓展活动展示了工作流程和必要的计划在班组长日常工作中的重要性。班组长通过这样的拓展培训，可以建立起对工作程序的重视，并想象在未来工作中所要遇到的一系列的问题，包括生产中的问题、员工关系上的问题、沟通中的问题，以及如何领导与授权。所以，这一拓展活动对于班组长的工作计划流程和能力的培训是有积极作用的。

5. 开好班会，充分发挥会议的作用

班组会议是班组长与员工进行沟通、解决班组问题的正式方式，也是就具体问题达成共识的最好机会。班组会议包括班前班后会、产品分析会、QC 小组会、生产进度分析会、班组安全会，以及其他临时性的会议。班组会议一般有会议前、会议议程、会议中和会议结束几个环节。在这几个环节中，为了使会议更加简单有效，应该了解以下一些基本要求。

(1)会议前的要求。

会议前的要求有：①确定会议目标；②选择好会议参加对象，并做必要的沟通；③选择会议形式；④收集会议信息，如是否提供议程；⑤时间、地点安排，如将会议安排在上班前或下班前，这样有利于对工作进行提示或总结。

(2)会议议程的要求。

最好是使每个议事日程集中在一个或两个主要的议题之上,议事日程和内容包括:①开始时间;②议题提出者;③议题不要过多,控制在5个以内,每个议题不超过20分钟;④议题讨论的方法或工具;⑤提前准备好议事日程,这样每个与会者都会有所准备。

(3)会议中的基本要求。

会议中的基本要求有:①在会议中要坚持的基本原则是:公开称赞,私下批评;②不要忘了会议的主要目的;③不要在非上班时间开会;④在开会时就要告诉与会者会议的进行时间;⑤要制止交流辩论和私下交谈;⑥要用积极的响应鼓励迟疑的与会者;⑦要多听少说;⑧要尽可能简化程序规则;⑨要改变会议气氛,须先改变议程;⑩做好各项决议记录在案,做好会议记录。

在班组会议中,特别要注意班前会、班后会在班组工作中的重要性。

班前会是班组长分配工作、实施工作计划的主要途径。班前会就是开工会,在班前会上,班组长根据生产计划,以及当班的计划要求,结合工作环境、设备状况,组织安排好班组生产操作等注意事项,做好重点分析及安全工作。通过十五分钟的班前会议,使每一个员工结合上个班的生产情况,知道接班后应如何操作,要注意什么,以及怎样在原有的基础上提高效率,从而保证当班中顺利生产。

班后会则是总结一天的工作经验,针对生产现场出现的新问题,进行分析并采取措施去解决,这样就为下一步的工作奠定了基础,同时也积累了工作经验,使班组全体成员的水平都得到了提高。班后会就是总结会,班长总结讲评本班组在当班中工作任务和安全等方面的完成情况,对做得好的组别及个人进行表扬和鼓励,对出现的违章作业等不到位的地方进行检讨,甚至对第二天的班组工作、人员安排都可以在班后会上提出改进意见。互相学习,改变思路,提高班会质量。

在班组会议中要注意以下几方面的内容:

(1)要做好班前会、班后会议的准备工作,如要传达的文件和指示,班组生产存在的问题汇总及解决办法或建议,交接班中发现遗留的问题和待处理的问题，工作任务安排和其他需解决的问题等。

(2)由于每个班组长管理水平及风格不同，因此，企业的领导人员和各科室人员也要不定期地参加各班组的班前会、班后会，以便互相学习，借鉴一些好的方面及先进的管理方法，同时，也互相交流评比，指出缺点，共同进步。

(3)在会议中，要注意会议内容及对象，应面向全体员工而不是某些或个别员工，内容要充实具体。例如，有些班组开展班会时，班组长只跟个别员工就岗位工作进行交流，其他的员工则听不出个所以然，会议就草草结束。这样的班组会议形式造成班组管理上的缺位，不仅不利于生产工作正常有序地开展，而且长期下去，对班组管理工作也不利。因此，班前会、班后会要内容充实，提高质量，杜绝个别班组开展有名无实的班会，促使班组会议发挥更大的作用，使班组长在管理班组工作时更加得心应手。

班组会议不仅是企业管理工作的重要环节，而且也是确保安全高效完成各项工作的重要前提和保障。只有使班组会议制度化、规范化，管理工作才能进一步得到提升。

6. 培育创新精神，开展班组创新

创新精神是一个国家和民族发展的不竭动力，也是现代人应该具备的素质。只有具有创新精神，企业和班组才能在未来的发展中不断开辟新的天地。作为企业文化的精髓，创新是企业长盛不衰的法宝。在班组中员工要创新，班组长也要具有良好的创新意识和创新精神。

创新培训游戏的主旨在于培养班组长的创新精神，使他们能够另辟蹊径地看待并解决问题。这些游戏，大多都是大家喜闻乐见、耳熟能详的游戏。在玩乐的过程中，只要保持活跃的思维和开放的态度，努力去感受这些游戏给予自己的启示，你的思想就会迸发出奇异的火花、闪现明亮的光芒，创新的意识和思维就会在你的心中开始发芽。

研究发现，那些能完成"不可能完成的任务"的人不仅有较高的智商，更重要的是他们的情商更高，他们接受信息和传递信息的能力高于他人，这使得他们的创新意识也远远高于别人，因而解决问题的能力大幅提升。训练游戏"偏向虎山行"正是训练人们如何在最困难的情况下发散思维，开动脑筋将问题解决，完成那些"不可能完成的任务"的一个启发性游戏。

【拓展活动】 偏向虎山行

(1)形式

4 人一组。

(2)时间

30 分钟。

(3)材料

卡片。

(4)地点

室内。

(5)应用

①分析能力。

②创新能力。

③交流技巧。

(6)培训游戏规则与程序

①把受训者分组，每组 4 人，然后发给每组一个任务卡。每张卡上写着一件商品的名字以及它应卖给的特定人群。这些人群看起来并不需要这些商品，实际上有理由完全拒绝购买。因

为这如同向非洲人销售羽绒服,向爱斯基摩人销售冰箱一样。总之,游戏的目的就是使每个小组销售不可能卖出的商品。

②每个小组应根据任务卡的要求准备一条30秒的广告语,用来向特定人群推销商品。该广告应注意以下三点:第一,该商品如何改善特定人群的生活。第二,这些特定人群应怎样有创造性地使用这些商品。第三,该商品与特定人群现有的特有目的和价值标准之间是如何匹配的。

③给每组20分钟的时间,按照上述三点要求写出一个30秒钟长的广告语,要注意趣味性和创造性。

④其他受训者暂时扮演那个特定人群并对广告做出评价。评价的标准是根据广告能否打动他们,是否激起了他们的购买欲望,是否能满足某个特定需求来作出判断。最后统计有多少人被说服而购买这个产品,有多少人觉得这些推销员很可笑,简直是白费力气。

⑤选出优胜的一组,给予奖励。

相关讨论:第一,为了与你的客户甚至是反对你的人心意相通,你需要作出哪些让步和牺牲?第二,善解人意在我们的生活和工作中扮演何种角色?做到这点是否给你带来了好处?第三,你一定遇到过这种情况:有时候你的目标和他人的需要并不一致,你纵有雄心壮志却无人欣赏,在做这个游戏之前你是怎么处理的?做过这个游戏你将如何改进你的方法?第四,在推销你组的商品时,你们是怎么分析特定人群和此商品的关系的?你们是否考虑过他们的习惯、需要、想法和价值标准呢?

(7)总结

①在这个游戏中,每个人都必须采用他人的视角。第一次是把自己看成你的目标人群,以他们的眼光看你的产品;第二次是其他学员以卡片中特定人群的视角,倾听广告。

②讨论一下"情商"——善解人意,以他人的价值标准和能力为基础实现自己的目标 。善于成功地驾驭这种能力的人能

够感动和影响他人。

通过这一拓展培训活动，学员可以接触到以下一些关于创新精神的话题：①创新精神对于班组长的重要性。②创新精神的具体内涵是怎样的？③怎样才能更好地培养创新精神？

要具备创新精神，班组长首先要具有勇于抛弃旧思想、创立新思想。班组长要不满足已有的知识，不断追求新知；要不满足现有的生活生产方式、方法、工具、材料、物品，而是根据实际需要或新的情况不断地进行改革和革新；同时要不墨守成规，敢于打破原有的条条框框，探索新的规律、新的方法；不迷信书本、权威，敢于根据事实和自己的思考，向书本和权威质疑；并不盲目地效仿别人的想法、说法、做法。

其次，班组长应该认识到创新精神作为科学精神的构成内容，与其他的科学精神并不矛盾，而是统一的。因此，在班组创新中，要遵循客观规律。只有当创新精神符合客观需要和客观规律时，才能顺利地转化为创新成果.成为促进企业和班组生产发展的动力。此外，创新精神既有新颖性和独特性，同时它又要受到一定的道德观、价值观、审美观的制约，所以，班组长的知识水平、道德价值观念，以及发现美、欣赏美和创造美的能力，对于班组长的创新精神的形成是有深刻的影响的。

最后，创新精神提倡独立思考、不人云亦云，并不是不倾听别人的意见、孤芳自赏、固执己见、狂妄自大，而是要团结合作、相互交流；同时创新精神提倡不迷信书本、权威，但也并不反对学习前人经验，因为任何创新都是在前人成就的基础上进行的，是对已有的成功经验的总结和进一步的发展；创新精神提倡大胆质疑，但这种质疑是以事实和思考为依据的，而非毫无根据地怀疑一切。在班组工作创新中，要用全面、辩证的观点看待创新精神。

那么，如何培养班组长的创新精神呢？

首先，班组长必须熟悉班组中的各种事务，充分了解班组的运行方式，对班组生产过程、劳动工具、机械工艺以及机器设备等，既关心重视又充满好奇心。只有这样，班组长才能在具体的生产过程和管理中发现问题,并寻找解决的方法,形成创新的动力和兴趣。牛顿少年时期就有很强的好奇心,他常常在夜晚仰望天上的星星和月亮。星星和月亮为什么挂在天上?星星和月亮都在天空运转着,它们为什么不相撞呢?这些疑问激发着他的探索欲望。后来,经过专心研究,终于发现了万有引力定律。因此,班组长也要对班组事务充满各种好奇心,并在这种好奇心的驱使下,努力探索、刻苦攻关,才能发明新的工艺、技术和设备。

其次,班组长对所学习或研究的事物要有怀疑的态度、求异的观念和创新的欲望。

事物在不断地变化,有些知识现在适用,将来不一定适用。再说,现在的知识不一定没有缺陷和疏漏。因此班组长对所学习或研究的事物要做到不要迷信任何权威、大胆怀疑,这是创新的出发点。同时,班组长要保持强烈的创新欲望,这种欲望既可以来自于对班组和员工的爱,也可以来自班组长报效企业、报效社会的奉献之心。有了这种爱心和奉献精神,班组长就会产生出强烈的追求创新的欲望,并最终实现创新的目的。班组长在工作中,也要勇于寻根究底、质疑求异。求异实质上就是换个角度思考,从多个角度思考,并将结果进行比较。求异者往往要比常人看问题更深刻、更全面。通过求异思维的探索,会发现许多新的事物,产生许多新奇的观念,从而推动创新。

最后,班组长要有冒险精神,对学习研究的事物要做到永不自满。

这里所说的冒险不是那些危及生命和肢体安全的活动,而是一种合理性冒险。因为创新,可能会引起某些人的反对,遭受物质上的损失或精神上的打击,甚至在有些时候会招致生命危险。因此,在创新过程中,班组长必须具备一定的冒险精神,不为困难和挫折所吓倒。同时,也不能因为取得些许成就骄傲自满、止步不前,不再去求新求异,那么创新的思想也就会停滞。

总之,班组长只有具备良好的创新意识和创新精神,才能更好地推动班组前进,不断获得新的业绩。

7. 善于分析，解决班组问题

班组中的问题是指应然状态和实然状态之间的差异，即事情"应该是怎样的与实际是什么样的"这样一种差距的存在；它是由于某些导致不能达到的目的或者实现目标的认识障碍所产生的。班组长要善于从日常生产和工作中寻找和发现问题，并分析其产生的原因、结果及危害，找到妥善解决的办法。

班组中常见的问题一般有以下几种类型：

第一种是突发事件：包括安全（疾病、事故、自然灾害）、质量（物料）、设备（停机、转计划）等；第二种是员工事务：包括员工安排（不服从分工、各种请假）、问题员工（老出问题、胡搅蛮缠、情绪化、抱怨、闹矛盾、爱打小报告）、调动要求（换工种、换班、换机台）、照顾需求（家庭问题、安全问题）、处罚运用等；第三种是属于深层次的问题，如缺乏执行力、岗位意识不强、工作积极性不高、班组缺乏协调等。前两种问题比较具体，是属于浅层次问题，它往往是由于班组长管理不善造成的；而后一种问题则主要是属于管理上的问题，其产生主要是由班组长的管理能力所决定的；由于管理不善造成的深层次问题的存在，才表现出前两类问题。

在班组中，这些问题的存在会严重影响到班组员工的工作积极性，影响到班组的团结、和谐与协作，严重的会给员工的生命财产安全和企业利益造成损失。因此，班组长应重视存在的问题，积极寻求解决的办法。下面这个"飞越激流"的活动就着重训练班组长在这一方面的能力。

【拓展活动】 飞越激流

(1)概述

这个游戏会使参加者思维活跃、热血沸腾。它重点培养团队合作、沟通和计划能力。

(2)时间

30 分钟～1 小时。

(3)人数

不限，人数较多时，需要将队员划分成若干个由 8～12 个人组成的小组。

(4)道具(每个小组)

①两根 4～6m 长的木条。或是准备两根绳子和 4 个木桩(用来标记河岸)。

②一根粗绳子，这根绳子至少要能承受一个人的重量(以最重的游戏者为准)。

③1 棵枝杈很高的大树(用来捆绳子)。

④一桶水(代表液体炸药)。

⑤准备一些水备用。

(5)目的

①练习以小组为单位解决问题。

②培养团队合作精神。

(6)准备

①选择一个高大粗壮的树杈，在上面系上准备好的粗绳子。绳子的用处是帮助小组成员“渡河”。绳子要足够长，以保证游戏者能抓着绳子，从“河”的一边，像荡秋千一样，飞到河的对岸。

②根据飞越的方向，确定河的位置和宽度。在标记两岸的位置上，放上两根木条，或是用绳子拉出两根线。如果使用绳子标记河岸，最好先打出 4 个木桩，然后再拉绳子。

③给每个小组的桶里装水，水满到距桶边 2 厘米或 3 厘米

为止。

(7)步骤

①分好小组后,做游戏开场白,开场白示例如下:

你们在野外勘探稀有金属和矿石,挖掘工作正在进行中。突然,正在开凿的岩洞出现部分坍塌。你所在的小组侥幸逃了出来,可是,还有很多成员被困在岩洞中,艰巨的营救工作落到了你们小组的肩上。营救的唯一希望是炸开落下的巨石。你们小组赶回营地,取了一桶液体炸药。现在你们需要快速返回到出事地点。不幸的是,一条布满鳄鱼的急流挡住了你们的去路。你们可以通过绳子从河上荡过去,但是在飞越的过程中必须有人要携带那桶液体炸药,而且一滴也不能洒。如果不小心弄洒了炸药,即便只有一点点,携带炸药的人都必须回去,重新开始。如果有人在渡河的过程中不小心碰到了河面,这个人就会被鳄鱼吃掉。一旦发生了这种情况。整个小组都必须回到对岸,重新开始。你们面临的第一个挑战是绳子悬在河的中央,必须想办法把它拉到岸边来。注意,任何人都不许接触河面。

②等所有小组都做完游戏之后,引导队员就团队合作、克服困难等话题展开讨论。

(8)讨论问题示例

①这个游戏揭示了什么道理?

②哪些因素有助于成功完成游戏?

③你们遇到了什么困难?是如何克服这些困难的?

④你们在游戏过程中碰到了什么问题?你们是如何对问题进行分解的?每个人的任务是什么?

⑤游戏过程中有无领导者产生?

⑥如何将这个游戏和我们的实际工作联系起来?

(9)安全

通常情况下,不允许在悬挂的绳子上打结,如果队员坚持这样做或者队员年龄较小时,可以考虑在绳子末端打一个结,距地面1米左右,这样他们就可以用两腿夹住绳结比较容易地摆过去。

(10)变通

①设置完成游戏的时间限制,告诉队员岩洞中的氧气仅能维持一段时间,让他们必须在规定的时间内完成渡河任务。

②可以采用体育馆内的爬绳在室内开展此类游戏。

这一拓展游戏很好地设置了在具体情景中所遇到的各种惊险的、需要运用聪明才智去积极解决的问题。通过这一类型的拓展训练,可提高班组长分析问题和解决问题的能力。

第三章

从优秀到卓越，班组长职业品质拓展训练

1. 注重礼仪，塑造完美形象

礼仪即指礼节仪表，是一个人在日常生活和工作中所展现的个人形象和风貌，是现代职业人士所必须注意和遵守的。养成文明礼貌、注重仪表的习惯，这不仅需要他人的约束和监督，同时也要在平时多加注意、培养刻意。下面的拓展训练为提高班组长这方面的素质进行了很好的示范。

【拓展活动】 制定《职业道德法典》

(1)游戏的目的和任务

游戏的目的是提高和完善个人的职业道德文明，游戏的任务是培养在职业活动中分析和评价具有伦理意义境遇的能力和素养，并提出职业道德法典的构想。要求参加游戏的每个成员背熟“社会主义和共产主义道德原则”以及“职业道德规范”的题目，组织游戏的教师掌握这项游戏的基本原则和方法。并在游戏进行前，把游戏的要求和方法告诉每个参加者。教师首先要讲解制定职业道德法典的意义。

(2)教师要向参加游戏的学员说明

①历史经验证明，各种职业都传统地形成了自己的职业道德法典。在分裂为敌对阶级的社会时，制定全国统一的职业道德法典是不可能的。在社会主义条件下，职业道德法典的作用

增大了。

②职业道德法典不仅对整个社会的经济繁荣、经济秩序的完善有积极意义,对所在单位的事业也有巨大作用。

③职业道德法典的出现正是社会道德文明进步的体现。

④职业道德法典同习俗和传统一起促进个人道德面貌的形成,自己动手制定道德法典是掌握信息的重要途径。

(3)游戏的程序分四个阶段

①把全班分为5至6个小组,在教师向大家介绍游戏规则之后,让每个小组分析自己职业活动中出现的人与人的关系和矛盾冲突,并指出,哪些是关系到职业道德的问题。从最简单的问题开始,逐渐复杂化。然后,各组代表宣读在分析职业活动中发现有哪些道德问题、哪些道德准则。代表发言后,其他成员修正和补充,并由小组讨论编制从职业活动的分析中获得的《职业道德规范》初步方案。在此基础上,教师对每个小组编制的《职业道德法典》的初步方案进行分析和评价,并提出第二阶段的任务,即完善法典的原则结论。

②首先由教师根据应用伦理学研究方面的成果,介绍职业道德法典的基本结构:首先是个人道德品质的要求和规范。这些职业道德品质是服从职业信誉、劳动集体的威信、有利于职业集体团结的。其次是提高职业技能的规范,包括职业技能需要的知识、素质和一般文化。再次是表现职业集体内部团结需要的人道主义内容的具体规范。最后是礼节规范。在这个阶段,要求各小组在编制职业道德法典的原则、规范、规则体系时,不能出现与宪法中规定的共产主义建设者道德法典相对立的内容。职业道德法典要有利于职业集团的集体活动,而不能破坏职业集体的团结。

③分析、比较、评价各个小组编制的《职业道德法典》,并对它进行分析、评价,各小组代表要发表对本小组制定的职业道德法典的修改和总结性意见。

④由各小组自己总结和分析编制的职业道德法典的经验，创造出自己的法典方案。最后由专家对各小组的职业道德法典方案写出鉴定书。

在这一拓展游戏中，班组长可以接触到职业道德规范中的所有内容，它要求学员具有共产主义和社会主义职业道德规范，服从各种职业信誉。这些内容广泛地涉及诸如礼仪、诚信、奉献、责任、敬业、合作等方面的要求。这些礼仪标准和要求，也是班组长需要掌握的基本的礼仪规范。

在职场中，礼仪是人际关系和谐发展的调节器，人们在交往懂礼，守礼，有助于加强人们之间互相尊重，建立友好合作的关系，缓和和避免不必要的矛盾和冲突。一般来说，人们受到尊重、礼遇、赞同和帮助就会产生吸引心理，形成友谊关系，反之会产生敌对、抵触、反感，甚至憎恶的心理。不要认为同事间朝夕相处，不用礼仪，更不能忽视了客户间的必要礼仪，否则都会给工作带来不必要的麻烦。

“每位员工都是企业形象的代言人”，企业形象又决定企业未来的发展。良好的职业形象是营销代表及客服代表维护企业形象的关键，只有通过严格、系统的专业礼仪训练，才能使员工在仪容、仪表、姿态、语言表情等方面发生变化，真正体现出员工的个人素养，从而提升企业形象，达到顾客120%的满意度。

现代社会中，职场礼仪的重要性日益凸现，它除了可体现个人的综合素质和修养，在全球化商务竞争中，也成为企业形象的一部分而日益受到重视。东西方文明在文化上虽然存在着差异性，但是在现代职场，对职场礼仪已经基本形成了一种共同的认识和行为规范，所以学习正规的职场礼仪是进入社会工作时要走好的一步。

在现代职场，人际关系错综复杂，在平静中会突然发生冲突，甚至采取极端行为。礼仪有利于促使冲突各方保持冷静，缓解已经激化的矛盾。如果人们都能够自觉主动地遵守礼仪规范，按照礼仪规范约束自己，就容易建立起相互尊重、彼此信任、友好合作的关系，进而有利于各种事业的发展。

职业形象，是指职场中个人在公众面前树立的印象。它是通过衣着打扮、言谈举止、外形外貌所反映出个人的专业态度、技术和技能等。你的外在表现，不仅是外界观察你的渠道，也是你借此向外界传达有关自己的内在信息的途径。你的世界观、你的工作态度和生活态度、你的心胸气度、你的人际和谐程度、你与环境的适应度等都会通过仪表表达出来，正因为此，职业形象才至关重要。职业形象包括外表形象、知识结构、品德修养、沟通能力等。

职业形象是个人职业气质的符号，是从最外在的形象表现出的一个职业人的知识、品位、道德修养以及职业能力的方式。正因为一个人内在的涵养都会通过外在的形象展示，因而，职业形象就是一个人给人的最直接的印象，是精明干练还是细心谨慎，绵里藏针或外强中干，都可以从职业形象中窥见，所以职业形象对职业命运有着至关重要的决定性作用。千万不要以为职业形象只是发型、衣着等外表的东西，现代意义的形象是包括仪容（外貌）、仪表（服饰、职业气质）以及仪态（言谈举止）、行为规范、专业形象等方面，其中最为讲究的是形象与职业、地位的匹配。一个良好的职业形象，不光是把自己打扮得多么美丽、英俊，最主要的是要做到自身发型、服饰、气质、言谈举止与职业、场合、地位以及性格相吻合。最重要的是当然要体现出你在职业领域的专业性，任何使你显得不够专业化的形象，都会让觉得你不适合该职业。这一点是班组长在塑造自己的形象的时候要特别注意的。

职业形象要表现得专业，首先要在衣着上与自己的职业和地位相符。一个班组长，拼搏在生产一线，最好是能在工作时规范严整地穿上工作服，戴上工作帽，这比时髦、前卫的服装对自己的形象要好得多。成熟稳重是专业形象的关键，所以在日常工作中一定要注意表现出自身的成熟，应该尽量避免脸红、哭泣等缺乏情绪控制力的表现，因为那不但令你显得脆弱、缺乏自制力，更会破坏你的形象。另外，在言谈中表现出足够的智慧、幽默、自信和勇气，少用嗯、啊等语气词，会使你看起来更果断而可靠。

良好的职业形象不仅能够提高个人品牌的价值，而且还能提高自己信心。若想保持良好的职业形象须达到以下几个标准：①与个人职业气质相契合;②与个人年龄相契合;③与办公室风格相契合;④与工作特点相契合;⑤与行业要求相契合。个人的举止更要在标准的基础上,在不同的场合采用不同的表现方式,在个人的装扮上也要做到在展现自我的同时尊重他人。

2.

诚实守信,做一个真诚可信的人

诚实守信是我们做人处事的基本准则。作为企业班组长,要想更好地领导和管理员工,就必须有良好的思想道德素质、为人诚实、讲究信用,不管是在生活中还在工作中都要做一个真诚可信的人,只有这样才能赢得班组员工的信任,树立自己的威信。"信任背摔"的拓展活动案例有助于班组长培养这方面的品质。

【拓展活动】 信任背摔

(1)概述

几乎每一个户外培训小组都可以参加这个游戏。它表面上看起来很吓人,但是如果队员动作规范,实际上是相当安全的。

(2)目的

①建立小组成员间的相互信任。②使队员挑战自我。③发扬团队精神,互相帮助。

(3)时间

1个小时以上,取决于参加人数的多少。

(4)人数

12～20人。

(5)道具

一个1.5～1.8米高的平台(如果没找到平台，可以用梯子或者树桩代替)。

(6)步骤

①游戏开始之前，让所有队员摘下手表、戒指以及带扣的腰带等尖锐物件，并把衣兜掏空。

②选两个志愿者，一个由高处跌落，另一个作为监护员，负责管理整个游戏进程。让他俩都站到平台上。

③让其余队员在平台前面排成两列，队列和平台形成一个合适角度，例如垂直于平台前沿。这些人将负责承接跌落者。他们必须肩并肩从低到高排成两列，相对而立。要求这些队员向前伸直胳膊，交替排列，掌心向上，形成一个安全的承接区。他们不能和对面的队友拉手或者彼此攥住对方的胳膊或手腕，否则承接跌落者时，很有可能相互碰头。

④告诉监护员，他的职责是保证跌落者正确倒下，并做好充分准备，能直接倒在两列队员之间的承接区上。因为跌落者要向后倒，所以他必须背对承接队伍。监护员负责保证跌落者两腿夹紧，两手放在衣兜里紧贴身体；或者两臂夹紧身体，两手紧贴大腿两侧(这样能避免两手随意摆动)。并且，跌落者下落时要始终挺直身体，不能弯曲。如果他们弯腰，后背将会戳伤某些承接员——换句话说，他们有可能会被砸倒在地。监护员还要保证，跌落者头部向后倾斜，身体挺直，直到他们倒下后被传送至队尾为止。

⑤监护员还要负责察看承接队伍是否按个头高低或者力气大小均匀排列，必要时让他们重新排队。并且要时刻做好准备来承接跌落者。

⑥跌落者应该让监护员知道他什么时候倒下。听到监护员

喊“倒”之后，他才能向后倒。

⑦队首的承接员接住跌落者以后，将其传送至队尾。

⑧队尾的两名承接员要始终抬着跌落者的身体，直到他双脚落地。

⑨跌落者此时变成了队尾的承接员，靠近平台的承接员变成了台上的跌落者。如此循环，让每个队员都轮流登场。别忘了让监护员和队友交换角色，好让他也能充当承接员和跌落者。

⑩如果有人不愿意参加跌落，不要逼迫或者戏弄他们。尽量要求所有队员都参与跌落，但若确实有一两个人不愿意参加，可以只让他们在平台上，面对承接队伍站一会儿，然后跳下来(到承接队尾，好像他刚跌落完毕)。或许他会改变主意，愿意跌落到承接队伍中。切记：尽量要求每个队员参加，但不要强迫他们。

⑪既然监护员负责所有事情，你又该做些什么呢？站到承接队伍的第二排或者第三排，做承接员吧。一旦发生不测，你可以帮忙抓住跌落者，至少能减缓他摔落的速度。前面的队员依次做了跌落者之后，你可以向后站，做一名监护员。如果有人问你为什么不参加游戏，或者暗示你不信任他们时，你应该跳到平台上，和其他人一样轮流参加跌落。

(7)讨论问题示例

最初你们对游戏有何认识？参加游戏之后你们有何感受？当站在平台上准备向后倒时，你有何感想？

(8)安全

任何时候，都不能让队员从1.8米以上的地方向后倒。否则跌落者的头或肩将比身体的其他部位先接触承接队伍，导致摔伤。因为跌落者下落时，重量主要集中在这些部位，头很容易撞在地上，那样是相当危险的。必要时多安排几个监护员，监护员的数量取决于培训队员的组成状况。务必让承接员摘下手表、戒指或其他尖锐的物件；跌落者掏空所有衣兜，解下带扣的腰带。

(9)变通

对于那些既成的团队，可以考虑给跌落者蒙上眼罩，增加游戏难度。

这一拓展活动的目的是要通过训练使大家体验安全感、归属感，增强自信心、责任感和集体协作精神，建立团队成员之间相互信任的基础，通过身体接触，打破彼此之间的隔膜，尽快进入培训情景，学习换位思考，向自我挑战，提高心理素质，战胜恐惧，规范自我行为同社会、集体利益的关系。面对自己无法控制的局面，靠理智及对同伴的信任战胜恐惧，切身体验什么是“充分信任、相互依赖”。这一拓展活动对于班组长职业品质培养的意义在于：信任是相互的，只有彼此都做到了诚实守信，才有可能真正地得到对方的信任。

诚实就是实事求是地待人做事，不弄虚作假。“守信”，要求讲求信誉，重信誉、信守诺言。要求每名从业者在工作中严格遵守国家的法律、法规和本职工作的条例、纪律：要求做到秉公办事，坚持原则，不以权谋私；要求做到实事求是、信守诺言，对工作精益求精，注重产品质量和服务质量，并同弄虚作假的行为进行坚决的斗争。

诚实守信的具体要求：忠诚所属企业，维护企业信誉，保守企业机密，遵章守制，秉公办事。企业的规章制度，是在总结以往经验教训的基础上制定的，我们没有理由不去执行。另外，在生产管理过程中，除了要遵章守制，还要秉公办事，认真执行各种政策、法规，克己奉公、不谋私利、办事公道，不能凭感情或意气用事，更不能出于私心、从个人利益角度考虑问题、处理事情，否则必然会滋生腐败。办事公道是正确处理各种关系的准则，具体要求如下：坚持真理，公私分明，公平公正，光明磊落。只有做到这些，班组长才能真正赢得组员的信任，成为一个优秀的班组长。

3.

爱岗敬业，乐于奉献

爱岗敬业，通俗地说就是“干一行爱一行”，它是人类社会所有职业道德中的核心。它要求从业者既要热爱自己所从事的职业，又要以恭敬的态度对待自己的工作岗位、对于每一个场人来说爱岗敬业既是职责，也是成才的内在要求。

爱岗，就是热爱自己的本职工作，并为做好本职工作尽心竭力。爱岗是对人们工作态度的一种普遍要求，要求职业工作者以正确的态度对待各种职业劳动，努力培养热爱自己所从事工作的幸福感、荣誉感。

敬业，就是用一种恭敬严肃的态度来对待自己的职业。任何时候用人单位只会倾向于选择那些既有真才实学又踏踏实实工作，有着良好态度工作的人。这就要求从业者养成干一行、爱一行、钻一行的职业精神，专心致志搞好工作，并在平凡的岗位上创造出奇迹。一个人如果看不起本职岗位，心浮气躁，好高骛远，不仅违背了职业道德规范，还会失去自身发展的机遇。虽然职业在外部上存在差异性，但只要从业者热爱自己的本职工作，并能在自己的工作岗位上兢兢业业，终会有机会创出一流的业绩。

爱岗敬业是职业道德的基础，是社会主义职业道德所倡导的首要规范。爱岗就是热爱自己的本职工作，忠于职守，对本职工作尽心尽力；敬业是爱岗的升华，是以恭敬严肃的态度对待自己的职业，对本职工作一丝不苟。爱岗敬业，是对自己的工作要专心、认真、负责任，为实现职业上的奋斗目标而努力。

爱岗敬业的基本要求：树立职业理想，强化职业责任，提高职业技能。

爱岗敬业，要把自己的岗位同自己的理想、追求、幸福联系在一起，把企业的兴衰与个人的荣辱联系在一起；自觉维护企业的利益、形象和信誉。随着社会主义市场经济体制的建立，企业面临着市场的挑战。在这种形势下，是从个人利益出发，一切向钱看，还是为了维护企业的利益，团结一致谋求发展，对每个职工来说，是一次严峻的考验。要想服务群众，奉献社会，光有服务于企业的认识和热情是不够的，还必须具备一定的本领。如今，人类已进入了信息时代，生产力发展突飞猛进，科学技术日新月异，职工的技能仅仅满足岗位需要，已远远不能适应形势的发展要求。要通过技能培训、岗位练兵、交流研讨等多种形式，不断提高干部职工的文化素质和业务技术水平，熟练地掌握职业技能，才能胜任自己的工作，更好地为企业服务。

奉献社会是社会主义职业道德的最高境界和最终目的。奉献社会就是要履行对社会、对他人的义务，自觉地、努力地为社会、为他人做出贡献。当社会利益与局部利益、个人利益发生冲突时，要求每一个从业人员把社会利益放在首位。

奉献社会是一种对事业忘我的全身心投入，这不仅需要有明确的信念，更需要有实际的行动。当一个人任劳任怨，不计较个人得失，甚至不惜献出自己的生命从事于某种事业时，他关注是这一事业对人类、对社会的意义。对于班组长而言，乐于奉献不仅表现在自己的工作上，还表现在对班组员工的爱和关怀、对企业的高度负责上，即心甘情愿为班组、为企业、为他人献出自己的力量，献出自己的内心，全心全意为了班组的和谐、企业的发展而忘我工作。

4. 办事公道，以身作则，不徇私利

所谓办事公道，是指从业人员在处理问题时，要站在公正的立场上，按照同一标准和同一原则办事，即处理各种职业事务要公道正派、不偏不倚、客观公正、公平公开。对不同的服务对象一视同仁、秉公办事，不因职

位高低、贫富亲疏的差别而区别对待。如一个服务员接待顾客不以貌取人,无论对于那些衣着华贵的人还是对那些衣着平平的人,对不同国籍、不同肤色、不同民族的宾客能一视同仁,同样热情服务,这就是办事公道。无论是对于那些一次购买上万元商品的大主顾,还是对于一次只买几元钱小商品的人,同样周到接待,这就是办事公道。班组长只有做到了办事公道,才能在思想行为上起到模范带头作用,才可以为员工所效仿、做员工的表率。因此,班组长应该注意以下方面的问题。

一是要正确认识自己。认识自己的不足和长处。人的聪明才智有大小,学问有高低,能力有强弱,或长于彼者而短于此,或巧于此者而拙于彼。只有真正认识到自身不足,才能克服不足,或以勤补拙,或笨鸟先飞,或“居安思危”,不断进步。

二是要严格要求自己。成才主要靠知识的积累,但能否成为社会和企业的有用之才,根本的还是要靠自身的努力。班组长必须有全心全意为人民服务的本领,必须从企业、班组和员工的利益出发,对自己高标准、严要求,自觉地、正确地规范自己的言行。

三是要不断提高自己。首先,要勤于学习。学习是人类永恒的主题,是智慧的源泉,是创新的基础,是提高工作能力的重要保证。班组长要不断学习更新科学文化知识,在学习中把握所学知识的实用性、新颖性,并做到学以致用。通过一系列内容的学习,不断更新知识,以学习促工作,推动班组工作向前发展。其次,要勇于开拓。勇敢面对困难,以积极的姿态迎接竞争和挑战,认真研究班组中的有利条件和不利因素,加强班组工作的前瞻性,抓住机遇,狠抓落实,争创一流工作业绩。再次,要敢于自我批评。要在实践中寻找差距,正视弱项,了解自己思想认识是否有了新的提高,是否真正做到了办事公道。要及时纠正工作中出现的失误,对自身存在的问题和不足,要有决心去改正,向更高的思想境界奋进。最后,要善于总结。要在工作和实践中学会不断地总结,把成功的经验、深刻的教训提炼出来,指导自己以后在工作中少走弯路。

四是要认真把握自己。班组长要把握好自己,关键是要解决如何做人、做事的问题。这样做人要谨慎地使用权力,要正确行使手中的权力,既实现个人价值,又为班组做出应有贡献。要时刻注意从小处着眼,重视小节问题,防微杜渐,在思想品德上严格要求自己。

5.

服务班组，真心真意为大家着想

服务班组，就是要尽心尽力地履职尽责，坚持工作的高标准，认真听取班组员工意见，了解大家的需要，为大家着想，解决好员工的后顾之忧，让他们劳有所得、苦有所乐，放心、开心地干工作，打造一个和谐、团结、充满家一般温暖的优秀班组。这样的班组长工作才算做到位。那么该如何做一个服务型的班组长呢？

首先，在班组工作中要以人为本，尊重每一个员工。以人为本的思想，对创建一个好的、人际和谐的班组有着相当重要的意义和作用。一个班组中，如果树立了以人为本的思想，那么在管理中，就会时时处处想到对员工尊重和爱护，就会从员工和企业的切身利益出发，从而避免不切实际的形式主义。以人为本，也要求对员工采取各种方式进行激励，包括物质上的奖励和精神上的鼓励，以及提高工资、改善待遇和办公设施等。很显然，这些管理方法和措施对提高员工对班组的满意度，增加他们对班组的归属感是很有效的。员工就会把企业和班组当作自己的家一样，消除各种矛盾、意见和不满，增加班组的和谐和融洽。

其次，班组长要帮助、爱护员工。作为“兵头将尾”的班组长，是班组的核心和灵魂，是基层员工的排头兵和领头雁，也是他们的典范和标杆；是上级领导的左手和右手，也是班组员工的良师和益友；是班组的主心骨，也是企业的顶梁柱。所以，班组长对班组员工的关心、爱护和帮助，既是班组长的职责所在，也会在班组中形成一种示范效应，为班组员工所效仿。一名合格的班组长，要求在知识、技能和能力以及思想品德和职业道德上都是比较突出的，能够较好地掌握文化科学知识、生产技能，并能更好地接收新知识和各种尖端技能；因而也能在这些方面给予技能状况较差、文化知识层次较低的员工以更多的帮助。这种帮助不是徒劳的、无益的，它会让员工们从心底里支持、敬佩班组长，从而也更愿意接受班组长的领导和帮助，使班组更和谐、更有战斗力。

再次，在班组管理中要推行民主，杜绝“一言堂”。班组民主管理，是班组全体员工依照法律规定，通过一定的组织形式，对班组权限范围内的事务行使民主管理权力的活动。它既是班组职工的一种权利，也是班组管理的组织形式，同时又是班组管理文化的重要内容。民主管理的宗旨就是要在班组内形成一种民主、自由和公平公正的风气，使每一个班组成员享有充分的权利和自由。

此外，班组长要加强同班组员工之间的沟通，全面深入地了解员工们的需要、心态以及工作生活上的种种要求，尽最大努力创造员工们满意的生活工作环境。要妥善地处理好班组中的冲突，化解员工之间的矛盾，为班组创建一个和谐、安定的工作氛围。

只有做到以上这些，才算是合格的班组长，才能体现出作为班组带头人对于班组的忠诚，对于员工们的热爱。

6. 敢负责任，敢担重任

承担责任是员工最重要的素质之一。一个不懂得负责、没有责任意识的员工，是不可能把工作做好、做出成绩、做出效益来的，因为在他的心里，根本就没有一个想要做好工作的想法，没有半点要做好这个工作的意愿。这样的员工，只会经常出纰漏，而且出了纰漏还不愿承认，左推右托，不敢也不愿承担。试想，这样的员工，有哪一家企业敢用？又有哪一位老板敢让这样的员工来担当大任？

责任是什么？责任就是一个人必须承受的义务和必须担当的职责。责任是一种使命、一种义务、一种义不容辞必须担负的道义。

责任就是做好社会赋予你的任何有意义的事情。我们的家庭需要责任，因为责任让家庭充满爱；我们的社会需要责任，因为责任能够让社会快速、稳健地发展；我们的企业需要责任，因为责任让企业更有凝聚力、战斗力和竞争力。

责任就是一个人的职责和使命，它伴随着每一个生命的始终。从根本上讲，忠诚和敬业是一切事业的根本，忠诚敬业如一种无形的精神力量，它随时提醒我们，这就是我们的责任，我们必须要敢于承担，勇于负责。工作就意味着责任，世界上没有不必承担责任的工作。

放弃了自己对社会的责任，或者蔑视自身的责任，就意味着放弃了自身在这个社会中更好地生存和发展的机会。相反，如果勇于承担了责任，任何时候都坚守住自己的责任，负起自己的责任，就会为社会、为企业、为自己带来发展的机会。责任表现在实际工作中，就是表里如一，言行一致；就是精益求精，一丝不苟；就是讲奉献不讲条件，找办法不找借口；就是站好自己的一班岗，在岗一分钟就尽心尽力做好六十秒；就是在主动做好分内工作的同时，还能对其他人的工作给予不遗余力的支持，能够善始善终，有积极主动的精神，努力做好自己的工作并且敢于承担责任。

尽职尽责是对自己所负使命的忠诚和信守，尽职尽责是出色地完成自己所负责的工作，如果你的能力一般，尽职尽责可以让你走得更远，走得更好；如果你的能力突出，尽职尽责可以将你带向成功的顶峰。尽职尽责的员工是领导最倚重的员工。

7.

善于合作，争取多方支持

21 世纪是团队合作的世纪，是一个团队至上的时代。绝大多数事业的成功都将是团队合作的结果，“孤胆英雄”的奇迹已经很难发生。在今天，无论你从事什么工作、处于什么环境，都无法脱离其他人对你的支持，团队合作素质也越来越为企业和个人所重视，因为在团队时代，合作才是时代的最强音，合作素质才是最重要的素质。

没有任何一个人能够拥有全部资源并能独立地完成所有的事情，无论他有多么伟大、多么富裕、拥有多么大的权力。每一个人都必须依靠团队的力量才能将个人的能力完美地呈现。

没有合作精神的企业不可能成功，没有团队意识的员工也不可能受到企业的欢迎。因为企业比个人更明白个人能力的有限和团队力量的强大。所以，在团队时代，企业比任何时候都更需要合作，也就比任何时候都更需要有合作素质的员工。如果你是这样的员工，那你就会有展示的舞台。就像大雁一样，那些具有共同目标与集体意识的人是可以更快、更容易地达到目标的，因为他们会凭借彼此的推动力不断前进。如果我们能有同大雁一样的合作素质，我们就会与那些和我们有同样目标的人留在同一个队列里，彼此合作，共同成就未来。如果不具备合作的素质，那他肯定不可能成功，即使一时成功，最终也还会失败。

一个互相信任的团队，一个互相扶持的团队，一个互相依赖的团队，对于一个企业而言，是关系兴衰存亡的关键因素，也是个人获得职业发展的决定因素。

无论是从企业发展还是个人发展方面来说，任何一个人都不能脱离团队，而且必须得有很好的团队合作，才能取得更大的成绩。因为没有全能的个人,只有完美的团队。合作带来互赢、共赢和多赢。

所以,一个优秀的班组长要学会摒弃个人主义,真诚地与同事协作,善于与大家一起分享成功,争取上级、下级、兄弟班组等一切力量的支持和帮助,这样工作才能做得更好。

8. 注重道德修养,保持身心和谐

在一个班组中,作为班组的核心"旗帜",班组长需要有多方面的能力,这在前面各节中已经有所阐述。班组长应尽力围绕这些方面去提高自己,以实现自我价值。与此同时,在现代班组中,也要求班组长必须有良好的心理素质和身体素质,既要有强健的身体,同时又要有健康的心理。只有这样的班组长才能胜任繁重的生产和管理任务,并且在遇到挫折和失败时不灰心、不丧气,勇往直前、义无反顾;也只有这样的班组长,才有胜不骄、败不馁的气概,才能宽宏大量、公平公正地处理班组中的各种事情。同时,在班组中,班组长的自身和谐,对班组员工有一种很好的示范效应,这样员工们也会更好地促进自我和谐。只有人自身和谐了,才有人与人的和谐,才有人与自然、各种事物的和谐,最后才能达到班组的普遍和谐。从这一意义上说,个人自身的和谐是普遍和谐的逻辑起点。

儒家学说对此有着明确的阐述,在修齐治平一整套理论中,修身是基础和起点。因此,一个理性的人必定通过自身的道德磨砺,强化道德自觉,对自身欲望做合理的节制,如此才是通向身心和谐的实现之道,便如同颜回那样,"一箪食,一瓢饮,在陋巷,人不堪其忧,回也不改其乐",这就是"自天子以至于庶人,壹是皆以修身为本"的根本诉求。

首先，必须在其思想认识上形成一个坚定正确的价值理念，从而调动其积极性和创造力来服务于学习、工作与生活，这样才能稳定个人意识形态中的内在秩序。实现和谐的身心，并不是要消除身心发展中的矛盾，而是要实现矛盾各方的相对平衡，进而达到一种身心的平稳状态。一个盲目冲动、浮躁大意的人不可能达到和谐，一个荣辱颠倒、美丑不分的人无法实现和谐。只有弘扬社会主义荣辱观，知荣明耻，存荣弃辱，自觉地把思想和行动与荣辱观这把标尺进行比对，才能形成维系自身精神纽带的强大力量，才能解决实现身心和谐的一个根本性的问题。因此，班组长必须要形成健康的思想价值观念，树立正确的荣辱观，不计小利、不失大节、不贪便宜，知行一致、表里如一，这样才能真正地做到身心和谐。

其次，要勇于与一些不良的社会风气、不正确的思想观念做斗争。改革开放以来，我国社会主义现代化建设取得了举世瞩目的辉煌成就，人民生活水平不断提高，但也应该清醒地认识到，人们道德精神领域的某些优良传统正在消失，“拜金主义”“享乐主义”“一切向钱看”这样一些没落腐朽的观念和作风正日益严重地影响着人们价值取向和生活方式，极大地侵蚀和冲击着人们思想的堤坝，严重败坏了社会风气。因此，作为班组的带头人，必须要有正确的思想观念，同这样的错误观念做斗争。

最后，要实现班组长的身心和谐，必须做到自律与他律的统一。一方面，要加强以使命感、责任感为基础的自我约束和自我管理，即自律。另一方面，还必须以他律作为保证。他律既包括相应的制度约束，又包括班组和企业中各方面舆论的压力等。自律是他律的本体基础，他律是自律的引导机制，他律可以有效地促进自律，而普遍的自律又营造了一个有力的他律氛围。因此，在企业和班组中要建立相应的管理制度、奖惩机制、监管机制等，调动和发挥各种舆论的功能，共同促进班组长的身心和谐。

第四章

强化基本技能，班组长计划与目标管理能力拓展训练

1.

加强计划管理，有序开展工作

计划是经营管理者在特定时间段内为实现特定目标体系，对要完成特定目标体系而展开的经营活动所做出的统筹性策划安排。“计”是在特定时期段内，为完成特定目标体系而对展开的经营活动所处的综合环境、企业内外影响因素以及企业自身发展历史性对比等因素的归纳总结和科学分析。“划”是依据“归纳总结和科学分析”所得出的结论，制定相应的措施、办法以及执行原则和标准。“计划”具有全面性、系统性和统筹性的特征，企业任何经营活动无论大小，“计划”的有无会产生截然不同的经营效果。

【拓展活动】 垫球

(1)概述

这个游戏会让所有的人都参与进来，它甚至可以调动那些最不愿意参与活动的队员的积极性。

(2)目的

①培养团队精神。

②增强合作配合意识。

③重视目标和计划管理，并努力去实现它。

(3)时间

15～20 分钟。

(4)人数

不限,人数较多时,需把队员划分成若干个由 8～16 个人组成的小组。

(5)道具

1 个海滨气球、比较大的游戏场地。

(6)步骤

①让队员们站成一圈。

②告诉队员们他们将要一起挑战一项世界纪录。

③告诉队员们他们的任务是让球在空中停留 2 分 16 秒,在这段时间内,垫球次数不得少于 136 次。任何人不得抓住球不放,大家必须通过不停地垫球,使球不落地。另外,不允许连续垫球,也就是说,接到球的人必须把球传给另一个人。

④如果队员们可以很轻松地实现目标,那么就要提高目标了。可以通过一个小花招不着痕迹地提高目标。比如可以这样对大家说:"抱歉。我刚才读错了,这项世界纪录是这样的……"或者说:"刚刚接到通知,今天早些时候有人刷新了这项世界纪录,新的纪录是……"

(7)讨论问题示例

①怎样实现创造世界纪录的目标?

②要达到这一目标需要制订哪些计划?

(8)安全

告诉队员们注意安全,小心不要被绊倒或撞伤。如果大家在垫球的过程中不自觉地进入了有危险隐患的区域,要赶紧让大家停下来,重新开始。

(9)变通

可以尝试着让队员们同时垫两个球或三个球,这样小组可以创造出一个全新的世界纪录。

这一拓展活动可以帮助训练者了解到计划与目标管理的重要性,要想让梦想变成现实的最好办法就是制订相应的目标和计划,并努力去实现它。在企业生产中,计划与目标常常是联系在一起的,班组长要根据目标制订相应的计划,同时,好的计划也有助于目标的实现。因此,在班组生产中,计划管理并非是可有可无的,它对于实现班组目标具有重要作用。

在市场经济条件下,企业间的竞争异常激烈,企业要生存、要发展、要保持可持续发展的态势,任何一项经营活动都不允许处于盲目的、盲动的状态,其经营效果必须处于可控状态下。换言之,计划是企业经营决策者意志和理念的具体体现。因此,计划是企业经营活动的基础,经营决策者为实现自己的意志和理念必须要不断地夯实和巩固这个基础,不断提高计划的科学性。

因此,加强计划管理,对于企业和班组的发展具有重要意义。所谓计划管理,就是对计划的编制、审核、执行和考核的统一过程。不同的班组可制订出不同的班组计划,这主要缘于不同的班组长、执行员工在个性、工作能力上,以及班组环境和资源等方面的差异。因此,不同的班组计划在计划内容、操作方法、所涉及的执行人以及对计划结果的考核方法等方面是不同的。从本质上说,计划管理属于控制类管理,是对企业经营活动的控制。

班组计划按时间可分为长期计划、中期计划和短期计划(包括年度综合计划、季度计划、作业计划)。班组实行计划管理的目的是提高工作效率,有效合理地调度配置班组资源,进一步落实目标责任制,提高管理决策的科学性及员工工作评价的可操作性。

计划管理按其特性定位,可划分为三个阶段,即"事前、事中、事后"管理。

"事前"管理:主要是对"计划"的审核。班组要依据各项基础性条件,编制各项、各类生产经营活动计划书,对计划书的可行性、可靠性形成审核体系,保证审核效果,从而确保计划的可行、可靠。

"事中"管理:主要是对"计划"执行体系工作效率的管理。对计划执行过程中出现的各类偏差,首先要做到超前预测,其次是做到措施有效,对执行效果的跟踪是“事中”管理的主要工作，从而确保计划执行的效率。在企业班组中，“事中”管理的责任主体是班组自身。

“事后”管理主要是对“计划”实施完毕后的绩效考核、总结经验、吸取教训等，汇编材料、归档备案也是“事后”管理的主要工作内容之一。

由于计划管理具有上述各种作用和功能，因此在班组中加强计划管理对班组有序地开展工作是有积极作用的，班组长应该充分掌握制订班组计划的各种方法和手段，做好各种统计和调研工作，以便制订出更加科学的班组计划。

2. 掌握计划方法，科学制订计划

计划之所以有如此重要的作用，正是因为它具有科学性，制订计划自然也要遵从这种科学性，因此班组长要运用管理的原理和方法，科学地制订班组的各种管理计划，特别是班组的各种生产计划。在制订班组生产计划时，其一般步骤如下。

一要做好调查研究，发现问题。班组长在制订工作计划之前要对自己的工作、内外环境进行详细的调查研究，找出问题所在。这里讲的问题是广义的概念，例如出了差错称为问题；为自己制订更高的奋斗目标也称之为问题；上级给你下达了新的指标，也称之为问题，在此，问题是个中性词。

(1)弄清楚问题的性质。对于问题首先要弄清楚问题的性质，看看这一问题是常见问题，还是纯属个案。如果是常见问题，就应作出规律性的解释以及用相应的政策来解决。如果是个案，就应具体情况具体处理。

此外,还要分清楚有些事情属于常见问题的首次出现,还有些事情过去没有遇到,因此在规章制度中没有,现在第一次出现,以后可能还会重复地出现,此时就应对计划、规章制度进行重新修订。

(2)查找影响问题的主要原因。这一步骤称之为本部门进行诊断并确诊的过程。如果条件不具备,那么计划的标准可以适当地定得更切合实际一些,不要操之过急,否则欲速则不达。决定事物性质的是主要矛盾,主要矛盾一旦解决,其他矛盾就会迎刃而解。例如,最近一段时间的客户投诉比较多,究竟是什么原因造成的?通过调查发现有以下原因:①客户比较刁难;②新员工多,需要培训;③缺少协调和沟通;④领导重视不够;⑤整体需要管理培训。此时就需要通过排除法,在众多的原因中找出最主要的原因,这个最主要的原因决定着事物的性质。

二要确立目标。目标应符合明确、具体、协调、可行的要求。班组长一级的计划,一般来说属于战术性的计划,因此需要量化的要尽量量化,不能量化的也要说明结果。管理大师彼德·德鲁克曾说过,在确定目标时一定要确定边界条件,或者说要实现这一目标,一定要具备哪些最基本的条件。边界条件又称为原则,在很多情况下原则比目标更重要,也就是说制订什么样的目标取决于你的办事原则。此外,确立目标时要适当地留有一定的余地,以保持可持续发展。

三要拟定好计划。有了目标,就要开始拟定计划。在拟定计划的过程中,应尽量地多征求部属的意见。在征求部属意见时要考虑以下两个原则。

(1)独立性原则。所谓独立,是指员工在提建议时应保证让其畅所欲言,独立并没有任何心理压力地提出自己的观点,防止从众心理起作用。从众有盲目从众与被迫从众的区别。盲目从众的人,一般说来大多文化水平比较低,没有自己的主见;被迫从众的人虽然也有自己的观点,但是因怕影响某人的观点及权威而不提出自己的意见。不管哪一种从众心理,都影响了员工独立发表自己的真知灼见,所以既然想集思广益,就要号召员工充分地发表意见,把心里想说的都说出来。

(2)排斥性原则。排斥性原则是指提出的方案最好互相排斥。不同的意见可以使人们在方案的实施过程中有一定的应变能力。当一个班组中的大多数意见高度一致时，常常容易做出比较冒险的决策，因为这时容易轻视对方或轻视困难，做出的决策容易远离实际。所以在制订计划的过程中最好有一些不同的声音。

四要制订计划。当方案拟订之后，就应对方案进行制订，此时，就需要班组长定夺，从各种计划草案中选择最佳者。总之，不论在何种下，班组长在计划制订时都应遵循“两利相权取其重，两害相权取其轻”的原则。

五要实施计划。计划制订好了，实施更重要，如果实施不力，再好的计划也不能发挥作用。实施过程中，要根据具体情况进行修改并使其不断完美，从而发挥出计划的实际效用。切忌机械执行、照搬行事或不做坚持半途而废。在对计划进行改变时要积极、慎重。所谓积极，是指既然有不适合实际情况的地方，一定要积极改正，但是一般情况下应以微调为主。“慎重”是指大方向既然论证了就不要轻易改动，如果轻易改动大方向，会给员工造成很多困惑。中国有句古话叫“政多变则民惑”，政策变来变去，员工就会不知所措。

3. 重视目标管理，强化目标意识

“目标管理”的概念是由美国管理大师彼得·德鲁克(Peter Drucker)于 1954 年在其名著《管理实践》中最先提出的。在目标与工作的关系上，德鲁克认为，并不是有了工作才有目标，而是有了目标才能确定每个人的工作。所以“企业的使命和任务，必须转化为目标”，如果一个领域没有目标，这个领域的工作必然被忽视。因此管理者应该通过目标对下级进行管理,当组织最高层管理者确定了组织目标后,必须对其进行有效分解,转变成各个部门以及个人的分目标,管理者根据分目标的完成情况对下级进行考核、评价和奖惩。目标管理提出以后,便在美国迅速流传,之后为日本和西欧国家的企业所仿效,在世界管理界产生了较大的影响,成为“二战”后管理学理论丛林中的重要理论流派。

目标管理理论在指导思想上是以 Y 理论为基础的。Y 理论认为,一般人本性不是厌恶工作,如果给予适当机会,人们是会喜欢工作并渴望发挥其才能的;多数人愿意对工作负责,寻求发挥能力的机会;能力的限制和惩罚不是使人去为组织目标而努力的唯一办法;激励在需要的各个层次上都起作用;想象力和创造力是人类广泛具有的。因此,人是“自动人”。这与 X 假设中关于人是纯粹的经济人的观点是有区别的,它要求更多地对员工给予激励,实行自我控制和自我指导,在条件适合的情况下就能实现组织目标与个人需要统一起来的最理想状态。

目标管理的具体形式各种各样,但其基本内容是一样的。所谓目标管理乃是一种程序或过程,它使组织中的上级和下级一起协商,根据组织的使命确定一定时期内组织的总目标,由此决定上、下级的责任和分目标,并把这些目标作为组织经营、评估和奖励每个单位和个人贡献的标准。因此,目标管理在操作上强调以下几个方面的要求。

(1) 重视人的因素。目标管理是一种参与的、民主的、自我控制的管理制度,也是一种把个人需求与组织目标结合起来的管理制度。在这一制度下,上级与下级的关系是平等、尊重、依赖、支持,下级在承诺目标和被授权之后是自觉的、自主的和自治的。

(2)要求建立目标锁链与目标体系。目标管理通过专门设计的过程,将组织的整体目标逐级分解,转换为各单位、各员工的分目标。从组织目标到经营单位目标,再到部门目标,最后到个人目标。在目标分解过程中,权、责、利三者已经明确,而且相互对称。这些目标方向一致,环环相扣,相互配合,形成协调统一的目标体系。只有每个人员完成了自己的分目标,整个企业的总目标才有完成的希望。

(3)重视成果。目标管理以制订目标为起点,以目标完成情况的考核为终结。工作成果是评定目标完成程度的标准，也是人事考核和奖评的依据，成为评价管理工作绩效的唯一标志。至于完成目标的具体过程、途径和方法，上级并不过多干预。所以，在目标管理制度下，监督的成分很少，而控制目标实现的能力却很强。

(4)强调对员工的激励。激励的办法是：扩大工作范围；尽可能把职工工作安排得富有意义，并具挑战性；工作之后引起自豪，满足其自尊和自我实现的需要；使职工达到自己激励，从而实现组织目标与员工需要的统一。

由于目标管理是超前性的管理、系统整体的管理和重视成果的管理以及重视人的管理，因此它能有效地克服传统管理的弊端，使工作更有预见性和计划性，同时强调适当地分权和授权，因而也可弥补传统科层管理理论的缺陷，即认为权力集中控制才能使力量集中、指挥统一和效率提高。此外，目标管理还有提高工作成效、使个体的能力得到激励和提高、改善人际关系等功能。

因此，在现代企业班组中，应提倡实行目标管理的理论与方法，将企业目标逐步地分解为班组目标和员工个人目标，更好地激励员工，以实现企业的战略目标和班组的生产任务。

【拓展活动】 无声毕业墙

(1)角色

①教练：讲解活动流程、规则、技术动作并且找出一位现场总指挥。

②总指挥：负责现场总调度指挥，使全场高效、有序地运作。

③学员：所有分队学员的大融合，集体参与项目。

(2)操作

导入：所谓毕业墙，就意味着，如果我们成功翻越此墙，那么我们就顺利地从拓展学校学成毕业了！这堵墙是怎么来的呢？故事背景是这样的：在茫茫的大海上，我们大家都在一艘船上，同舟共济，一天深夜，突然，某某醒来，发现船舱进水已经无法补救，只能弃船逃生，所以他赶紧把大家都叫醒，所有人集合起来，开始逃离船舱：船舱高 4.2 米，宽 4 米，四周闭合结构，所以不可以用手去抓板子边缘；由于是深夜逃生，事态紧迫，大家都没穿衣服，所以不可以用手拉扯衣服等物品；已经上去的人不可以再下来参与下面的实质性帮助工作，只能且必须在旁边做保护，所以有个难题就是，最后一个人怎么逃生？看现在的进水速度，船将在 30 分钟(40 人以下)后沉没，所有人必须要在 30 分钟以内逃生；如果有用到踩踏这个动作，注意可以踩的部位：大腿靠近根部多肌肉的地方、肩膀稍微靠里但是不要压迫大动脉，用脚面踩，增大受力面积。不可以踩头、胸、背等其他部位；如果有用到拉这个动作，请用“老虎扣”，做个示范；上去时不可以脚踏墙面，这样会增大本身重力，存在安全隐患；上面的船舱也是有承重限制的，上面的学员人数不得超过 8 人，第 9 个人一定要从上面下来，否则逃生必须暂停；下面剩下的所有人，高举双手，手臂微屈，作“抱石保护”，做个示范；有任何安全隐患的地方，教练立刻喊停；规则讲解完毕，30 分钟计时开始。下面把时间交给总指挥。

(3)安全

墙上教练，其中一定至少有一个毕业墙经验丰富的；保护人员，要时刻提醒，双手举起；老虎扣；禁止蹬踏墙壁；注意不要反关节运动；软组织不可以承重，更不可以承受冲量；有不安全的行为应及时喊停；在学员想到要用倒挂解决最后一个学员时，上面的教练要给予详尽的技术支持，讲解充分。

(4)奖励

表扬下面扛人和上面拉人的那批队员；表扬最后上去的那两名队员；表扬在此项目中有突出贡献的队员；表扬总指挥；给骨干分子一个拥抱以示感谢；以上人等分别发言；在此项目中，只表扬优点，不谈及缺点。

(5)high 点

最后两个人上去的时候，是全程培训的最 high 点，所有人都在欢呼、尖叫。

上述拓展游戏表明目标管理在团队活动中的重要作用。在危急关头如何能让所有的成员都能脱离危险？如何可以使所有的人都能安全地逃离？要实现这一目标，游戏中的所有成员都必须相互合作，确定个人的目标，最后形成合力，使团体目标得以实现。要实现目标，同时也要对成员加以评估和总结，并以此为依据对其进行激励，如表扬那些有突出贡献的人、表扬骨干；与此同时，还要注意激励的方法。

4. 遵守 SMART 原则，设置班组目标

既然是目标管理，目标的设置作为目标管理的第一步在整个管理过程中就具有重要作用。在班组管理中，班组长应该科学地设置各种目标，包括班组生产的总目标、员工个人目标，以及在生产的不同阶段和不同时期的目标等。但不论设立什么样的目标，都必须遵守 SMART 原则，以避免目标无效和盲目。

SMART 原则是目标管理概念之一，是使班组长的工作由被动变为主动的一个很好的手段，SMART 原则，内容如下：

(1) 目标必须是具体的(Specific)。

(2)目标必须是可以衡量的(Measurable)。

(3)目标必须是可以达到的(Attainable)。

(4)目标必须和其他目标具有相关性(Relevant)。

(5)目标必须具有明确的截止期限(Time-based)。

无论是制订班组中团队的工作目标,还是员工的绩效目标都必须符合上述原则,五个原则缺一不可。制订的过程也是自身能力不断增长的过程,班组长必须和员工一起在不断制订高绩效目标的过程中共同提高绩效能力。

上述原则的具体内容和实施要求如下:

SMART 原则一:S(Specific)——明确性。所谓明确,就是要用具体的语言清楚地说明要达成的行为标准。很多团队不成功的重要原因之一就因为目标定得模棱两可,或没有将目标有效地传达给相关成员。

在实施这一原则时,目标设置要有项目、衡量标准、达成措施、完成期限以及资源要求,使考核人能够很清晰地看到班组计划要做哪些事情,计划完成到什么样的程度。

SMART 原则二:M(Measurable)——衡量性。衡量性就是指目标应该是明确的,而不是模糊的。应该有一组明确的数据,作为衡量是否达成目标的依据。

如果制订的目标没有办法衡量,就无法判断这个目标是否实现。比如领导有一天问:"这个目标离实现大概有多远?"团队成员的回答是"早实现了"。这就是领导和下属对团队目标所产生的一种分歧。原因就在于没有给它一个定量的可以衡量的数据。但并不是所有的目标都可以衡量,有时也会有例外,比如说大方向性质的目标就难以衡量。

实施这一原则要求:目标的衡量标准遵循"能量化的量化,不能量化的质化"。使制订人与考核人有一个统一的、标准的、清晰的可度量的标尺,杜绝在目标设置中使用形容词等概念模糊、无法衡量的描述。对于目标的可衡量性应该首先从数量、质量、成本、时间、上级或客户的满意程度五个方面来进行,如果仍不能进行衡量,其次可考虑将目标细化,细化成分目标后再从以上五个方面衡量;如果仍不能衡量,还可以将完成任务的工作进行流程化,通过流程化使目标可衡量。

SMART 原则三:A(Attainable)——可接受性。目标是要能够被执行人所接受的，如果上司利用一些行政手段，利用权力一厢情愿地把自己所制订的目标强压给下属，下属典型的反应是一种心理和行为上的抗拒：我可以接受，但是否完成这个目标，有没有最终的把握，这个可不好说。一旦有一天这个目标真完成不了的时候，下属有一百个理由可以推卸责任：你看我早就说了，这个目标肯定完成不了，但你坚持要压给我。因此，领导者应该更多地吸纳下属来参与目标制订的过程。

实施此原则要求目标设置要坚持员工参与、上下左右沟通，使拟定的工作目标在组织及个人之间达成一致。既要使工作内容饱满，也要具有可达性，是员工在经过努力后是可以实现的，而不是永远都是不可企及的目标。

SMART 原则四：R(Relevant)——实际性。目标的实际性是指在现实条件下是否可行、可操作。可能有两种情形导致了这一目标要求：一方面领导者乐观地估计了当前形势，低估了达成目标所需要的条件，这些条件包括人力资源、硬件条件、技术条件、系统信息条件、团队环境因素等，以至于下达了一个高于实际能力的指标。另外，可能花了大量的时间、资源，甚至人力成本，最后确定的目标根本没有多大实际意义。

在实施这一原则时要求：部门工作目标要得到各位成员的通力配合，就必须让各位成员参与到部门工作目标的制订中去，使个人目标与组织目标达成认识一致，目标一致，既要有由上到下的工作目标协调，也要有员工自下而上的工作目标的参与。

SMART 原则五：T(Time－based)——时限性。目标特性的时限性就是指目标是有时间限制的。没有明确的时间限定的目标会带来考核的不公正，伤害工作关系，也会伤害下属的工作热情。

因此，在实施时要求目标设置要具有时间限制，根据工作任务的权重、事情的轻重缓急，拟定出完成目标项目的时间要求，定期检查项目的完成进度，及时掌握项目进展的变化情况，以方便对下属进行及时的工作指导，以及根据工作计划的异常情况变化及时地调整。

无论是制订班组团队的工作目标，还是员工的绩效目标，都必须符合上述原则，五个原则缺一不可。制订的过程也是对班组工作掌控能力提升的过程，完成计划的过程同时也就是对班组长现代化管理能力历练和实践的过程。

5. 加强评估考核，确保目标实现

任何一个目标的达成、项目的完成，都必须有一个严格的考核评估。考核、评估、验收工作必须选择执行力很强的人员进行，必须严格按照目标管理方案或项目管理目标，逐项进行考核并作出结论，对目标完成度高、成效显著、成绩突出的团队或个人按章奖励，对失误多、成本高、影响整体工作的团队或个人按章处罚，真正达到表彰先进、鞭策落后的目的，这样才能确保目标实现。

在对班组各种目标进行考核评估时，应注意以下方面：

一是对上级下达的重点工作目标实行重点考核，力促重点工作等目标任务落到实处、收到实效。

二是坚持定期不定期督促检查。考核部门或个人应根据综合目标任务和相应单项目标细则，实行季度或平时不定期对目标进展情况进行考核通报，达到督导的目的。

三是健全完善目标督查通报制度。在目标责任单位定期自查上报本单位目标工作实施情况的同时，由考核部门根据日常掌握情况，对班组中的各种目标工作特别是重点工作进度实行综合督查通报，反映进度，分析不足，强化指导。

四是按照注重规范性工作和提高量化的原则，对目标工作运行情况进行监控和考核，以事实来说话，以量化指标的完成比例来衡量，提高目标考核的公平、公正、公开度。

五是班组考核部门或个人应根据目标任务相应项目和分值设置，以定期不定期督促检查、季度考核、综合督查通报、实地监控和考核为重要依据，然后制订下发年度工作目标；制订班组考核细则须与企业各考核单位的考核细则统一下发，并以此为依据对班组目标和个人目标进行评估得分，并作为年终进行总评的依据。

第五章

抓好生产作业，班组长现场管理拓展训练

1.

重视诊断分析，做好现场指导

生产现场管理诊断，是以提高生产现场管理水平，改善生产效果为目的的。这项工作主要由具有丰富实践经验和专业知识，并掌握诊断方法的有关管理方面的专家承担。专家根据生产现场的委托要求，深入生产现场进行调查，在调查原始信息资料的基础上，运用各种科学的方法，对生产现场管理活动中存在的问题进行系统的分析和研究，从而找出问题产生的原因，提出改善方案，并帮助生产现场实施这些方案。

班组生产现场的诊断分析对班组长加强现场管理、提供现场生产的指导依据并有序地开展生产具有重要作用；通过对现场状况的分析，就可以针对现场状况对员工生产进行必要的指导，改进生产过程的组织管理和工作方法，使生产过程合理化、科学化，从而提高生产效率。这主要表现在如下几方面：

(1) 促进生产现场改进基础管理工作，促进管理素质和水平的提高。

(2) 提高生产现场及企业的经济效益。

(3) 帮助生产现场培训管理人才，促进人员素质的提高。

(4) 普及科学管理知识，推广科学的现代化管理方法。

【拓展活动】 脱离困境

(1)概述

这是一个用来培养小组创造精神的游戏。

(2)目的

培养在实际情景中的合作配合、共同解决问题的意识和能力。有助于班组长的现场指导。

(3)时间

1小时以上。

(4)人数

不限。人数较多时，需要将队员划分成若干个由5个人组成的小组。

(5)道具(每个小组)

①4根直径约20cm，长约45cm的圆木。处理过的用作栅栏的松木或是旧的电线杆均可。注意其直径一定不要小于20cm，否则它们将很难在软地上滚动。

②一块硬木板，其长度约为4米，宽度约为30cm，厚度约为5cm。

③一根12cm粗，6米长的绳子。

④两根绳子，用来标记起点和终点。

(6)步骤

①选择一块地面较软的场地作为游戏场地，如果地面光滑而且坚硬，圆木就会太容易滚动，队员们将很难在木板上站稳。

②让队员们每5个人组成一个小组。

③分完小组后，给每个小组指定一个小组长。(如果你任命那些非常内向的人做小组长的话，将可以帮助他们改善自我形象。)

④让所有小组到起点站好，给每个小组发圆木、木板和绳子。

⑤告诉各小组他们的任务是用发给他们的材料，越过一片“危险”地段。在穿越的过程中身体不得接触地面。

⑥致游戏开场白：你们小组正在工厂的一个角落里进行一项秘密工作。突然，你们中的一个人发现一个输送新型强酸的

管道漏了，而且已经有很多强酸从管道中流了出来，这些强酸在地面上蔓延了约10米宽，挡住了你们逃离危险的去路。强酸挥发出来的气味越来越强烈，你们已经逐渐感到呼吸困难，所以必须尽快逃出去。你们不能从强酸上面走过去，因为不论你们身体的哪一部分碰到这种酸，你们都会在数秒内被溶化掉。你们目前唯一可用的工具就是四根圆木、一块木板和一根绳子。这四根圆木经过了耐腐蚀处理，它们可以接触强酸。木板和绳子不能接触强酸，它们碰到这种强酸的话也会立刻被溶化掉。如果在穿越的过程中有人碰到了酸.整个小组必须立刻返回原地，让受伤的队员到一个特殊淋浴器下面冲洗，这是抑制强酸灼伤的唯一办法。然后，整个小组才能重新开始穿越。如果木板或绳子碰到了酸，也必须进行同样的处理，否则的话整个木板或绳子都会被溶化掉。游戏成功的条件是整个小组都能安全地越过这片强酸地带，祝你们好运！

(7)讨论问题示例

①你们在游戏过程中碰到了什么问题？

②每个人都做了什么？

③怎样分析问题的？

④每个人都充当了什么角色？

⑤每个人是否都能积极参与，共同解决问题？

⑥小组长是否进行了有效的领导？

⑦你认为小组的整个运作过程有效吗？为什么？

⑧就进一步提高小组的运作，你的建议是什么？

(8) 安全

要确保圆木的表面没有尖锐的棱角。

(9)变通

如果需要加大游戏的难度，可以蒙上两名队员的眼睛——告诉大家，有两名队员的眼睛已经因为挥发出的酸性气体的刺激而失明了。

在班组现场管理中，对于现场的分析与诊断是进行现场管理的基础。上面的拓展活动为我们提供了一个现场管理的示例：如果一旦出现险情，作为管理者和指挥者，怎样才能使员工们脱离险情、避免造成更大的损失？在遇到安全事故时，如何快速有效地阻止险情蔓延，并加以妥善地处理，使员工不遭伤害？这些在现场中分析处理问题的能力与方法，显然对班组长而言是必需的。

对生产现场的诊断分析要遵循一定的程序。生产现场管理诊断程序一般来说，可按现场生产的四个阶段：准备阶段、调查阶段、研究和制订方案阶段及实施阶段进行。

(1)准备阶段。从生产现场提出申请开始。首先由生产现场提出希望诊断的课题，并按要求提供有关生产现场方面的资料、对诊断的要求。在接到申请后，通过预调查来确认诊断课题的内容范围，把需要解决的问题、范围搞清。并走访生产现场上级主管部门，了解他们对该生产现场的看法和对今后发展的要求，确定诊断的目标，制订诊断计划，开始诊断调查。

(2)调查阶段。诊断人员进入生产现场进行深入细致的调查，弄清问题的细节和造成问题的原因。调查可分两步进行。

第一步：综合调查。调查步骤如下：

①召开生产现场情况介绍会，由相关人员和各专业管理室负责人介绍各自情况；

②与重点部门或个人分别面谈，并索取有关的资料；

③根据需要并征得相关人员和部门同意后，就有关方面的问题进行职工意见调查，以供分析研究使用；

④老工人和有经验的专业人员分别对生产现场的生产成本、消耗等情况进行调查分析；

⑤把分头调查的情况汇总归类。

第二步：专题调查。主要调查分析解决问题的可能性。要求诊断人员深入生产或管理现场，凡是重要的数据资料必须亲自测定核查与分析，在调查中要特别注意听取生产现场人员的意见和建议，调查后，诊断人员应向车间公布或递交阶段调查报告以作为这一阶段工作的结果。

(3)研究和制订改善方案阶段。诊断人员应在深入调查和分析的基础上,针对问题提出解决方案,并向生产现场管理者推荐,共同商定最终改善方案,方案商定之后,诊断人员应编写诊断报告书。报告书的编写内容应包括诊断概要、诊断课题范围、主要问题及原因、改善方案的可行性分析和预期效果。报告书的编写应简明扼要、直观易懂,力求用图表数据说明问题,应做到数据正确、条理清楚、重点突出和措施具体。

(4)实施阶段。所谓实施,就是帮助生产现场把改进方案付诸实践。诊断人员要主动召开诊断答疑会,解答各种疑问,帮助职工深入理解报告内容,并在此基础上协助生产现场管理者及主管上级一起制订落实改进方案的计划。成立落实改进方案的组织,以促进方案的实施。在实施中应会同上级主管部门及时根据变化情况修正方案。

2. 关注现场问题,寻求解决方法

所谓问题,是指期待的状态与目标状态的距离;所谓发现问题,是指对日常工作中发生的不正常现象进行分析,认识到“这就是问题”的过程。在班组工作中,要及时察觉的现场问题主要包括下列五种:①对实现目标有巨大贡献的关键项目;②由上游目标分解的下游目标中重要的项目;③对企业今后的成长有帮助的、需要改善和解决的事项;④阻碍企业达成目标的事项;⑤阻碍达成目标的缺陷事项。

从问题的类型看,问题一般可分为三大类,即发生型问题、探索型问题和设定型问题。由于问题类型不同,因此采取解决问题的方式也就不一样。对此，班组长应具体对待，具体分析。

【拓展活动】 踢足球

(1)目标

培养指导同伴工作或交代任务时所需要的能力。

(2)项目介绍

通过让团队中掌握踢球技巧的成员指导、帮助同伴学习，使全体成员都掌握踢球的技巧。

(3)人数与时间

①人数最好安排6人为一组；

②活动时间为15分钟。

(4)器材

每组1只足球，球门可由两张凳、椅排列而成。

(5)组织过程

①教练把球门及足球发给各组，球门与踢球的地方相距8米，然后给每组10分钟的练习时间，之后进行比赛；

②每组要踢10个球，每人至少要有一次踢球机会。进球最多的小组为胜。

(6)分享回顾

①本组是否有成员在这方面比其他成员更有优势？这些成员怎样教其他人也具备这方面的技巧？

②不懂执行这一任务的组员们，你们当时怎样想，自己用什么方法来完成任务，是否有学习的欲望，向其他组员学习有没有障碍，这些障碍是什么？

在这一拓展游戏中，指挥者必须充分地了解每个成员的能力与习惯，分析他们在学习中所存在的问题，并加以指导解决。班组中每个成员的能力和素质是有差异的，班组长要根据不同员工的情况将他们安排在合适的岗位，使他们的能力更适合于此岗位、此工作。这也是班组现场管理中的一个重要方面。

一般而言，发现班组现场问题的方法主要包括以下一些：

一是班组长要充分把握现象，认识理想状况与现实之间的差异，从而为探寻问题原因、确定班组追求目标创造条件。

二是在探寻问题时要采用“三现法”，即及时到现场、及时看现场、及时分析现场。

三是要采用 4M 法明确问题的对象，主要包括人（MAN）、机（MACHINE）、料（MAREIAL）、法（METHOD），观察其中存在不合理、不经济、不均衡的问题。

四是从提高及预防的角度看，班组现场问题一般包括生产效率、质量、成本、交货期、安全和员工工作士气等方面的问题。班组长要着手从这些方面寻找问题并寻求解决办法。

班组长运用各种方法发现班组现场中的问题后，就要积极地寻找解决问题的方法。解决问题要有总体要求。这些要求主要包括：

一是在观念上，应把现场管理与班组管理结合视为企业现代化管理与传统管理相结合的重要内容，班组中的生产管理要应用现场管理的理论、方法和标准，使现场管理成为班组管理的主要内容。

二是在管理模式上，企业应建立一个统一的层次分明的现场管理模式，这种管理模式，既有利于职能科室对现场的检查和监督，更有利于班组自觉地实行自主管理。

三是在领导体制上，企业应成立以行政领导为主、工会等部门参加的现场管理领导小组，突出班组现场管理工作，同时协调做好班组其他管理工作。

四是在经济责任制上，重点落实班组长的现场管理责任，进而落实班组各成员的责任，保证生产过程在现场管理控制下。与此同时，加大现场管理考核奖罚力度，使管理的成绩和效果与班组人员的利益紧密挂钩。

总之，班组现场问题的解决应与现场管理和班组管理密切结合，班组长要充分做到企业“内抓现场”，并使其落到实处，企业的现场问题就可以得到更好的解决，企业的效益、产品质量、成本、交货期、员工安全和工作士气等就不再是阻碍班组前进的障碍，班组也会得到更好的发展。

3.

开展定置管理，促进现场生产有序化

班组是生产的现场，是进行各种作业的第一线。在班组现场中有许多需要管理的事物，如设备、机器、原材料、生产工具、产品等，这些器具等如果没有很好地放置、清洁和整理，势必会影响生产和作业，对现场工作造成妨碍，有时甚至由于管理放置不好造成生产安全事故。因此，在班组中开展定置管理，合理布置班组生产现场，做好现场的各种工作，是现场管理中的一个重要环节。

定置管理起源于日本，从 20 世纪 50 年代开始，日本企业提出了定置管理这一新的概念。后来，定置管理获得进一步发展，并被总结和提炼成为一种科学的管理方法。

所谓定置管理，就是对生产现场中的人、物、场所三者之间的关系进行科学的分析研究，使之达到最佳结合状态的一门科学管理方法，它以物在场所的科学定置为前提，以完整的信息系统为媒介，以实现人和物的有效结合为目的，通过对生产现场的整理、整顿，把生产中不需要的物品清除掉，把需要的物品放在规定位置上，使其随手可得，促进生产现场管理文明化、科学化，达到高效生产、优质生产、安全生产。定置管理是“5S”活动的一项基本内容，是“5S”活动的深入和发展。

(1)定置管理的功能和作用。定置管理的功能和作用主要有以下几点：

①从功能上看，定置管理有五大功能：能够促进企业产品的销售；节

约企业资源;保障安全;推动标准化;能够形成满意的工作环境。

②从作用上看,通过定置管理,企业能够健康快速地成长,并逐渐发展成为有重大贡献和影响力的优秀企业,这样的企业首先可以使投资者满意。通过定置管理,可能提高企业的管理境界,吸引更多的投资者,获得更大的利润和回报。其次是可以使顾客满意。当一个企业具备技术水平高、生产弹性高、产品高质量、成本低、交货准时这些特点的时候,顾客当然会很满意,看到现场这样整洁、和谐、舒畅、有序,顾客自然会相信该企业的产品质量和服务。再次可以使员工满意。好的企业必然会有好的效益,也必然会使员工的生活更加富裕。同时,人性化的管理可以使每一个员工都获得安全感和成就感,定置管理可以形成良好的现场工作,员工自然会感到满意。当投资者满意、顾客满意、员工满意的时候,企业就会有良好的社会形象,更加热心于公益事业、支持环境保护,从而可以有效地回报社会,赢得社会对企业的满意。

(2)定置管理中人和物的结合。在生产现场实现人、物、场定置管理要所三者最佳结合,首先应解决人与物的有效结合问题,这就必须对人、物结合状态进行分析。在生产现场,人与物的结合有两种形式,即直接结合和间接结合。直接结合是指需要的东西能立即拿到手,不存在由于寻找物品而发生时间上的耗费。间接结合是指人与物呈分离状态,为使其结合则需要信息媒介的指引。信息媒介的准确可靠程度影响着人和物结合的效果。

按照人与物有效结合的程度,可将人与物的结合归纳为 ABC 三种基本状态:

A 状态,表现为人与物处于能够立即结合并发挥效能的状态。例如,操作者使用的各种工具,由于摆放地点合理而且固定,当操作者需要时能立即拿到或做到得心应手。

B 状态,表现为人与物处于寻找状态或尚不能很好地发挥效能的状态。例如,一个操作者想加工一个零件,需要使用某种工具,但由于现场杂乱或忘记了这一工具放在何处,结果因寻找而浪费了时间;又如,由于半成品堆放不合理,散放在地上,加工时每次都需弯腰,一个个地捡起来,既影响了工时,又提高了劳动强度。

C状态,是指人与物没有联系的状态。这种物品与生产无关,不需要人去同该物结合。例如,生产现场中存在的已报废的设备、工具、模具,生产中产生的垃圾、废品、切屑等。这些物品放在现场,必将占用作业面积,而且影响操作者的工作效率和安全。

因此,定置管理就是要通过相应的设计、改进和控制,消除C状态,改进B状态,使之都成为A状态,并长期保持下去。

(3)定置管理中应遵循的原则。在定置管理中要遵循以下原则:

①有图必有物。定置管理图内要表示出物类和区域。

②有物必有区。物有所归,划区管理堆放,区域明确。

③有区必挂牌。信息标准化,标牌颜色、大小、文字、数字大小和字体,全公司统一并纳入标准化。

④有牌必分类。每一类物品按所处的工艺状况标明专门的分类标志。将生产现场物品分成A、B、C三类,三类产品必须运用相应的设计、改进和控制方法。

⑤按图定置。实行定置管理必须认真研究分析并给出定置管理图,用定置图表示区域。

⑥按类存放。各类物品在各类区域内定置,做到各就各位,不得占用通道。

⑦账物一致。使物品的台账或定置图与实物相符。在工具室、模具库及各类仓库中,除了保持账物卡一致外,还应在账册中注明方位,为货架编号。账卡是人和物结合的媒介,有利于人和物的结合。

(4)定置管理设计。定置管理设计,是对工业企业生产现场的布置和管理进行科学的优化组合的过程。它应用定置管理的基本理论和方法,分析生产现场物流的加工、搬运、检查、停放和储存等生产活动的人、物、场所间的相互关系,以及工序衔接上存在的混乱、无秩序、无效劳动等问题,提出物流系统各环节、各工序的改善方案,使人、物、场所及其相互结合得到优化和系统改善的作用。它的设计原则是:①整体性与相关性。②适应性与灵活性。③最大的操作方便和最小的不愉快。④最短的运输距离和最少的装卸次数,切实的安全和防护保障。⑤单一流向和看得见的搬运路线。⑥最少的改进费用和统一标准。定置管理设计主要包括定置图设计和信息媒介物设计。

(5)定置图设计。定置图是对生产现场所在物进行定置,并通过调整物品来改善场所中人与物、人与场所、物与场所相互关系的综合反映图。其种类有室外区域定置图,车间班组定置图,各作业区定置图,仓库、资料室、工具室、计量室、办公室等定置图和特殊要求定置图(如工作台面、工具箱内,以及对安全、质量有特殊要求的物品定置图)。定置图绘制的原则有:

①现场中的所有物均应绘制在图上;

②定置图绘制以简明、扼要、完整为原则,物形为大概轮廓、尺寸按比例,相对位置要准确,区域划分清晰鲜明;

③生产现场暂时没有,但已定置并决定制作的物品,也应在图上表示出来,准备清理的无用之物不得在图上出现;

④定置物可用标准信息符号或自定信息符号进行标注,并均在图上加以说明;

⑤定置图应按定置管理标准的要求绘制,但应随着定置关系的变化而进行修改。

(6)信息媒介物设计。信息媒介物设计,包括信息符号设计和示板图、标牌设计。在推行定置管理,进行工艺研究、各类物品停放布置、场所区域划分等都需要运用各种信息符号表示,以便人们形象地、直观地分析问题和实现目视管理,各个企业应根据实际情况设计和应用有关信息符号,并纳入定置管理标准。在信息符号设计时,要按照国家规定的标准进行设计,如在安全、环保、搬运、消防、交通等方面的信息符号设计。其他符号,企业应根据行业特点、产品特点、生产特点进行设计。设计符号应简明、形象、美观。

定置示板图是现场定置情况的综合信息标志,它是定置图的艺术表现和反映。标牌是指示定置物所处状态、标志区域、指示定置类型的标志,包括建筑物标牌、货架、货柜标牌、原材料、在制品、成品标牌等。它们都是实现目视管理的手段。各生产现场、库房、办公室及其他场所都应悬挂示板图和标牌，示板图中内容应与蓝图一致。示板图和标牌的底色宜选用淡色调，图面应清洁、醒目且不易脱落。各类定置物、区(点)应分类规定颜色标准。

(7)定置实施。定置实施是理论付诸实践的阶段，也是定置管理工作的重点。其包括以下三个步骤：

①清除与生产无关之物。生产现场中凡与生产无关的物，都要清除干净。清除与生产无关的物品应本着“双增双节”精神，能转变利用便转变利用，不能转变利用时，可以变卖化为资金。

②按定置图实施定置。各班组车间、部门都应按照定置图的要求，将生产现场、器具等物品进行分类、搬、转、调整并予定位。定置的物要与图相符，位置要正确，摆放要整齐，贮存要有器具。可移动物，如推车、电动车等也要定置到适当位置。

③放置标准信息名牌。放置标准信息名牌要做到牌、物、图相符，设专人管理，不得随意挪动。要以醒目和不妨碍生产操作为原则。总之，定置实施必须做到：有图必有物，有物必有区，有区必挂牌，有牌必分类；按图定置，按类存放，账(图)物一致。

(8)定置检查与考核。定置管理的一条重要原则就是持之以恒。只有这样，才能巩固定置成果，并使之不断发展。因此，必须建立定置管理的检查、考核制度，制订检查与考核办法，并按标准进行奖罚，以实现定置长期化、制度化和标准化。

定置管理的检查与考核一般分为两种情况：一是定置后的验收检查，检查不合格的不予通过，必须重新定置，直到合格为止。二是定期对定置管理进行检查与考核。这是要长期进行的工作，它比定置后的验收检查工作更为复杂，更为重要。

4.

运用目视管理，增强现场生产视觉化

在班组现场管理中，目视管理是一种经常使用并且有良好效果的现场管理方法，为国内外许多企业所采用。

目视管理就是利用形象直观、色彩适宜的各种视觉感知信息来组织现场生产，从而达到提高劳动生产率的一种管理手段，也是一种利用视觉来进行管理的科学方法，亦可称为“看得见的管理”和“一目了然的管理”。

目视管理的作用，用很简单的一句话表示就是迅速快捷地传递信息。目视管理特别强调客观、公正、透明，有利于统一地识别，可以提高士气，让全体员工上下一心地去完成工作。

目视管理可以促进企业文化的建立和形成，因为目视管理通过展示员工的合理化建议、优秀事迹、对先进的表彰、公开讨论栏、关怀温情专栏、企业宗旨方向、远景规划等各种健康向上的内容，能使所有员工形成一种非常强烈的凝聚力和向心力，而这些都是建立优秀企业文化的良好开端。

目视管理的基本特点主要有以下几点：

(1)以视觉信号为基本手段，让每个人都能看得明白。

(2)要以公开化、透明化为基本原则，尽可能地将管理者的要求和意图让大家看得见，借以推动自主管理或自主控制。

(3)现场的作业人员可以通过目视的方式将自己的建议、成果、感想展示出来，与上级管理者、同事以及工友们相互进行交流。

所以说目视管理是一种以公开化和视觉显示为特征的管理方式，这种管理方式可用在各种管理领域。

目视管理的形式有很多，如：

(1)用很显著的彩色线条标注某处最高点和最低点，让操作人员一看就明白。

(2)在通道拐弯处设置一个反光镜，以防止撞车。

(3)装一个绿灯表示通行，装一个红灯表示停止。

(4)用小纸条挂在出风口，显示着空调、抽风机是否在工作。

(5)在螺丝母上做记号，以确定固定的相对位置、关键部位。

(6)用灯光照射，以引起注意。

(7)用顺序数字，表明检查点和进行的步骤。

(8)用图式、相片作为操作的指导书。

(9)使用一些有阴影或凹槽的工具放置盘，使各类工具或备件的放置方法和位置都一目了然。

(10)用一个标准形式的布告牌，上面写明重点注意事项，悬挂于很显明的位置，让员工正确地作业；也可以用图表的形式反映某些工作内容或进度的状况，便于工作人员了解整体工作的状态，随时确认自己跟进的位置。

从上述形式可知，与目视管理紧密相关的方法是看板管理、指示灯、作业表等。因此，班组长开展目视管理可使用以下方式：

(1)红牌：指 5S 的红牌作战(整理)时所使用的红牌，将日常生产活动中不要的东西当作改善点，让每个人都能看清楚。

(2)看板：是为了让每个人容易看出物品放置场所而做的展示板，使每个人看了就知道是什么东西，在什么地方，有多少数量。此外看板也可显示质量的信息、成本信息、交货期的信息、设备管理信息、品管圈活动以及其他需要公布的信息项目。

(3)警示灯：警示灯就是让管理监督者随时看出工程中的异常情形，用各种颜色来代表符号、警示注意的工具。除了通知异常情形的警示灯外，还有显示作业进度的警示灯，以及运转中知道机械是否有故障的警示灯，请求供应零件的警示灯。

(4)标准作业表：将工程配置及作业步骤以图表示，使人一目了然。单独使用标准作业表的情形较少，一般都是将人、机器、工作组合起来的

"标准作业组合表"。

(5)错误示范板:有时将不良情况以数值表现出来,现场的人仍然不清楚,这时就要把不良品直接展现出来。

(6)错误防止板:由自行注意并消除错误的自主管理板。一般以纵轴表示时间,横轴表示单位。以1小时为单位;从后段工程接受不良品及错误的消息,作业本身再加上"○""×""△"等符号。(○表示正常,×表示异常,△表示注意)

目视化管理实施得如何,很大程度上反映了一个班组的现场管理水平。无论是在现场,还是在办公室,目视管理均大有用武之地。在领会其要点及水准的基础上,大量使用目视管理将会给企业内部管理带来巨大的好处。在推行目视化管理时,要防止搞形式主义,一切均要从班组的实际情况出发,有重点、有计划地逐步开展。目视化管理要遵循高效管理和人本管理原则,通过多学多做,树立样板区,先易后难,先从初级开始,逐步过渡到高级。

5. 开展5S管理,实现现场生产规范化

班组的生产现场,是班组长管理的重要场所。生产现场即直接进行生产的地方,也是员工活动的主要地方,更是保证产品质量和生产效益的重要环节。现场管理是班组长管理的重要内容。因此,加强现场管理,消除现场浪费,对提高企业效益无疑是十分重要的。

班组的现场管理,常常使用5S管理法。5S是指整理(SEIRI)、整顿(SEITON)、清扫(SEISO)、清洁(SEIKETSU)、素养(SHITSUKE)五个项目，因日语的罗马拼音均为“S”开头，所以简称为5S；其具体要求是指在生产现场中对人员、机器、材料、方法等生产要素进行有效的管理。总体来说，5S只是一种管理方法，要真正实现5S管理必须借助一些工具，如看板、5S巡检系统等进行生产现场的管理，从而真正实现5S的目标。

在企业中，班组的现场管理是十分复杂的，需要用5S法来帮助分析、判断、处理所存在的各种问题。实施5S，可以改善企业的品质，提高生产力，降低成本，确保准时交货，同时还能确保安全生产，能保持并不断增强员工们高昂的士气。现场管理要重视人、物、事三方面安全的三安原则，这样才能真正地保证班组的安全生产。一个企业如果没有安全保障，人员的安全就会受到威胁，生产的安全和物品的安全也会受到影响，那么人心就会惶惶不安，员工就会大量流失，就会影响到企业的生产、经营及经济效益，使企业严重缺乏凝聚力和向心力而如同一盘散沙，导致企业濒临破产。所以，一个企业要想改善和不断企业形象，就必须推行5S管理。

在现场管理中，运用5S管理，主要是为了达到以下目标：

(1)改善和提高企业形象。整齐、整洁的工作环境，容易吸引顾客，让顾客心情舒畅；同时，由于口碑的相传，企业会成为其他公司的学习榜样，从而能大大提高企业的威望。

(2)促成效率的提高。良好的工作环境和工作氛围，再加上很有修养的合作伙伴，员工们可以集中精神，认认真真地干好本职工作，能极大地提高效率。试想，如果员工们始终处于一个杂乱无序的工作环境中，情绪必然就会受到影响。情绪不高，干劲不大，又哪来的经济效益？所以推动5S管理是促成效率提高的有效途径之一。

(3)减少直至消除故障，保障品质。优良的品质来自优良的工作环境。只有通过经常性的清扫、点检和检查，不断地净化工作环境，才能有效地避免污损东西或损坏机械，维持设备的高效率，提高生产品质。

(4)保障企业安全生产。整理、整顿、清扫，必须做到储存明确，东西摆在定位上，物归原位，工作场所内都应保持宽敞、明亮，通道随时都是畅通的，地上不能摆放不该放置的东西，工厂有条不紊，意外事件的发生自然就会大为减少，安全就有了保障。

(5)降低生产成本。一个企业通过实行或推行5S管理,就能极大地减少人员、设备、场所、时间等方面的浪费,从而降低生产成本。

(6)改善员工的精神面貌,使组织活力化。通过5S管理,可以明显地改善员工的精神面貌,使组织焕发一种强大的活力。员工都有尊严和成就感,对自己的工作尽心尽力,并带动改善意识形态。

(7)缩短作业周期,确保交货。推动5S管理,通过实施整理、整顿、清扫、清洁来实现标准的管理,企业的管理就会一目了然,使异常的现象很明显化,人员、设备、时间就不会造成浪费。企业生产顺畅,作业效率就会提高,作业周期必然相应地缩短,从而确保按时交货。

通过5S管理,班组的生产现场和生产环境变得有序,各种物品、工具和设备布置得也更恰当,设备故障减少了,员工生产更安全了,工作也更加积极、努力。这样的工作环境自然会创造出更多的收益。

第六章

提升工作效率，班组长执行力拓展训练

1. 执行力是班组长至关重要的能力

所谓执行力，指的是贯彻战略意图，完成预定目标的操作能力，是把企业战略、规划转化成为效益、成果的关键。执行力包含完成任务的意愿，完成任务的能力，完成任务的程度。执行力对个人而言就是办事能力，对团队而言就是战斗力，对企业而言就是经营能力。衡量执行力的标准，对个人而言是按时按质按量完成自己的工作任务，对于企业而言就是在预定的时间内完成企业的战略目标。下面的拓展游戏很好地表明了，不同的团队由于目标和策略不同，在执行力的表现上也迥然不同。

【拓展活动】 执行力游戏

一共有 8 个团队，每个团队 12 人，其中选出 1 个队长。

讲师先发给每人一张白纸，让大家按照自己的想法把白纸折成飞机，然后按照从 1～8 的顺序，每个团队轮流站到一条直线前，队员一个个把飞机扔出去，队长会记住谁的飞机飞得最远，然后指定这架纸飞机的主人为教导员。

等 8 个团队都试飞过自己的飞机后，讲师发给每个团队 100 张白纸，并且要求在 10 分钟内把纸变成飞机，从刚才的直线的后面向前扔，如果飞机落地时超过 15 米外的一条直线就得到 1 分，通过最后的得分统计确定前三名。

同样员工，同样的白纸，同样的时间，最高分和最低分可能会相差好几倍，为什么会出现如此大的差距呢？这个问题值得深思。仔细想想就可以看出，这个扔飞机的小游戏也是一个执行力的缩影。

认真执行上级的指令是班组长的根本职责。企业目标分解到班组之后，组织落实、实施是班组长的主要工作。如何执行，执行的结果如何，反映了班组长的管理水平，决定了班组工作顺利与否和班组长个人的前途与命运。因此，班组长在接受和执行上级分配的任务时，必须讲究方式、方法。

(1)投入热情，完成工作。有任务给班组长处理时，或是有事需要与班组长商量时，班组长要以饱满的热情和良好的精神状态，迎接新的任务。要让上级看到你是一个自信、负责、完全让人放心的部下。在接受指示时，要认真牢记上级指示的重点，做好记录以防遗漏，在必要时以备上级核查工作；同时要正确理解上级指示意图，在上级提出指示后，可提出自己的意见和疑问，对不清楚、不明了的问题，当场确认清楚，尽量以具体化的方式确认指示内容，以检查自己的理解程度。

班组执行工作也包含班组长自己的一份任务。班组长要在明确认识自己的职责、先落实自己职责范围后，把自己的任务分派给下属。要认真思考哪些任务、在何时、以怎样的方式、交给哪些对象，以怎样的标准和多长时间来完成，何时由谁来检查结果、如何改进等。只有这样，方能确保班组工作紧张有序地开展而不出现混乱局面。

班组中心工作非常重要，需要有紧迫感。一要集中精力、人力、财力、物力，排除枝节问题，制订切实可行的计划和措施，及时贯彻落实。对中心工作，不抓不行，抓紧而不落实也不行。要咬住中心工作不放松，如对生产进度、作业质量控制、交货时间等中心环节紧抓不懈。

(2)让员工感受到上司的贴心。班组长要想成功地领导下属，首先要把自己分内的工作做好，要让下属服从自己的管理，首先要知道员工的期望是什么。一般而言，员工的期望包括以下两个方面：一是重视和鼓励。领导的重视、关注就是尊重员工，让员工感受到被认可，被欣赏，认为自己重要，这会让员工充满热情、干劲十足。二是培养员工对工作的兴趣。现场工作往往是机械地重复、单调的操作,容易使人感到枯燥。如果不能改变工作性质,那就改变工作者的心态和工作方式及工作形式。努力培养员工一专多能、多岗位的操作技能,发动员工积极改革工序、改革操作方法、研究技术革新,进行技术和效率竞赛,创造一个良好的、轻松的氛围,保持乐观的心态和积极向上的风貌。

(3)树立自己的威信。班组长要得到下属的支持和尊重,就必须树立自己的权威。如果班组长树立的威信与员工心中期望的相符,那么一定会得到员工的信任与拥护。要达到这一期望形象,很大程度上取决于班组长对自身形象的爱护。树立自己的威信和形象,要从以下几点做起:

①以德立威。在工作中不谋私利、公平待人、态度和蔼、善于沟通。

②以勤增威。班组长要及时发现和帮助员工解决生产、工作、学习和生活中的问题,协调关系,解决矛盾,不怕麻烦,拉近与员工的距离。

③以能树威。班组长的能力如何,往往是对组员形成影响或产生吸引力的第一要素。一个班组长必须具有一定的知识素养和技术水平,在专业方面达到较高的层次,成为本部门、本行业的内行,才能享有较高的威信。

④以廉生威。班组长要建立自己的威信,必须把廉洁作为自我修养的主要方面,坚持艰苦朴素,反对奢侈浪费,不为金钱所惑,不为物欲所误。

班组长要想更好地将员工团结起来,就得树立起相应的威信,创造出适应环境的现代班组管理方式。班组工作也就会顺理成章、有条不紊。

(4)要确定目标并注意目标的可操作性。对于班组长来说要有想法,但不能脱离实际,否则将无法执行,最终也无济于事。因此,在执行决策之前,班组长首先要根据实际情况作出决策,保证计划切实可行。班组长在制订目标时要切实可行,不能脱离班组实际情况和员工的生产能力。有些目标虽然看起来很有吸引力、很诱惑人,但由于不符合实际而难以实现;此时班组长应该对目标给予调整,使目标难度降低。这样在通过班组成员的努力就会更好地实现目标。目标定得太高,如果不能很好地实现,就会挫伤员工的积极性,产生消极懈怠情绪,从而不利于班组的发展。

(5)应具备良好的心态和正确的态度。拥有一个正向的积极的心态和态度，同样是提高执行力的关键所在。班组长应具有执着向上的追求和愿望，通过扎实、有序的工作，积累多种多样的管理方法和手段，通过综合分析和完善，形成一整套行之有效的管理理念和做法。

(6)对上级所安排的工作和合理的生产任务要无条件地执行。企业的战略目标一旦确定，整个企业从管理层到执行层就必须全力以赴，以实现企业的战略目标。企业目标通常又要进行分解、下达到班组和员工，以班组目标和个人目标的方式得以执行。因此，班组长不能寻找任何借口不做努力，拖延或是阻碍组织目标的实现。“没有任何借口”体现的是一种负责、敬业的精神，一种完美的执行能力。班组长应具备“没有任何借口”这种素质、精神，在接到任务后首先想到的应该是如何去完成，而不是去找寻任何借口，同时要根据任务的要求创造性地开展工作，力求完美。

在班组工作中，执行力就是竞争力，执行力就是战斗力，执行力就是生产力。班组长的执行力如何，往往影响到班组生产任务的完成状况，影响到员工的工作信心和热情，同时也会影响到企业的效益和班组目标的实现，因而执行能力是班组长至关重要的一种能力。班组长只有不断地提高执行能力，加强员工之间的沟通与协调，在班组中形成强大的生产动力和积极性，引导员工为实现班组任务贡献出自己的全部力量，才能真正实现班组目标。所以，班组长的执行力是决定班组未来的一个重要方面，更是衡量一个班组长能力的重要指标。班组长应高度重视。

2. 提高责任意识，强化执行观念

班组长的责任意识或责任心是指个人对自己和他人、对家庭和集体负责任的认识、情感和信念，以及与之相应的遵守规范、承担责任和履行义务的自觉态度。它是作为一名管理者必须拥有的基本素养，是健全人格的基础，是团队和谐的保障。具有责任心的员工和班组长，会认识到自己的工作在企业和班组中的重要性，把实现班组的目标当成是自己的目标。增强班组长工作责任心，就是要增强遵守规范、承担责任和履行义务的自觉性，并不断达到新的境界。

班组长的责任意识与班组长的执行力之间有密切的关系，责任意识强的班组长更能认识到自己对于企业、班组、员工以及家人的重要性，这种重要性促使班组长全面充分地认识自己在班组和企业中的角色和地位，因而更愿意服从上级领导的决定和命令，全身心地投入到班组工作中去，并强化自己的执行观念。

那么，如何增强班组长的工作责任心呢？

(1)要提高班组长的素质。班组长是企业的基层管理者，作为“兵头将尾”，对控制事故发生起着非常重要的作用，如果班组长素质低，安全管理水平不高，管理不善，或责任心不强，不及时制止违章行为，甚至带头违章，班组发生事故的概率将大大增加。为此，企业要通过多种形式提高班组长的综合素质。要定期不定期地组织班组长参加安全知识培训教育活动，培训的内容应包括法律法规要求，岗位安全规程，安全管理技巧等；也可采取走出去的方法组织班组长到开展班组安全活动成效较显著的单位学习取经，从而提高班组长的综合素质，在熟悉安全生产规章制度，提高安全操作技能上增强工作的责任心。

(2)要强化班组长的安全生产意识。企业实现安全生产，班组长必须有较强的安全生产意识。为此，必须将“安全第一，预防为主”的方针落实在班组，让班组长意识到自己的工作安排和布置关系到每一位班组员工的利益，甚至生命安危。使班组长在认真履行班组安全责任人职责的同时，掌握本班组的安全生产目标，将班组成员的安危作为头等大事来抓，使班组安全工作责任到人、措施得力、落实到位，构筑起安全生产的第一道防线。

(3)要注重与员工的情感交流沟通。企业班组工作是安全管理的落脚点，说得通俗点就是“上面千条线下面一根针”，大量的工作都要由班组长这根“针”来完成。企业制定的安全生产、经营管理任务目标的考核细则、管理要求，最终都要落实到基层班组，而班组长又要面对面地把任务落实到每名班员，考核到人，管理到人。随着社会经济成分、组织成分、就业方式、利益关系和分配方式的日益多样化，随着各种媒体特别是信息网络化的迅速发展，班组长思想活动的独立性、选择性、多变性、差异性明显增强，影响班组长思想的因素和渠道越来越复杂多样。要稳定班组长队伍，调动班组长工作的积极性、主动性和创造性，企业领导要加强与班组长的情感交流，对班组长提出的问题坚持“能解决的立即解决，暂时不能解决的说明原因，不能解决的做好解释工作”的原则，与班组长交朋友，实现“零距离”的人性化交流，并对有价值的合理化建议实施重奖，在增强班组长的主人翁意识和创新意识的同时增强工作的责任心。

(4)要实施优胜劣汰机制。造就一支高素质、高品位的班组长队伍关键在于实施优胜劣汰机制。为此，企业要对班组长队伍不断进行优化整合，创新班组长管理新模式，建立多机制、动态式、发展性评价体系；按照“德、能、勤、绩、廉”五项内容，对班组长的品行和业绩每年做出全面正确的考核评价，实施优胜劣汰，建立班组长管理长效机制，在激发和调动班组长工作的积极性、主动性、创造性的同时增强工作的责任心。

(5)要实施资源挖掘机制 。实施战略人力资源开发与管理重在人力资源的挖掘。为此，要在认真总结创建优秀班组长品牌经验和教训的基础上，实施企业内部班组长的合作与交流，注重优秀班组长人才的培养、引进及输出，在班组长品牌扩张、经验辐射、模式推广等方面做文章，进一步盘活班组长资源，挖掘班组长潜能，提高班组长资源的利用率，从而增强班组长的责任意识。

(6)要建立监督评价机制。提高班组长的工作责任心，光靠教育、引导是不够的，要在管理机制上做文章。要建立完善的监督、评价、考核、激励机制，让班组长感觉到工作做得好坏与自己的收入、岗位的提升是密切相关的，从而进一步提高班组长的工作责任心。倡导“岗位靠竞争，收入凭奉献”的观念，就是要通过完善机制，发挥一种导向作用，让责任心强的班组长与责任心不强的班组长在收入上有所体现，责任心强的就应该得到认可与奖励，责任心不强的就应该受到处罚，以进一步增强安全工作的责任心。同时，在支持班组长工作的同时，要给予班组长一定的管理空间，让他们自由地发挥自己的才能，从而使班组长抛弃“老好人”思想，以强烈的责任意识大胆管理，使班组工作效率提高到一个新水平。

3. 扫除执行障碍，促进执行力的提升

在现代企业中，常常倡导要有强有力的执行力，执行的程度和力度决定了企业既定战略目标的实现程度。要提高班组的执行力、促进班组执行，就必须了解影响执行力的各种障碍，并采取相应的应对措施。

一般而言，影响班组执行力的障碍主要有以下四种：

第一个障碍是文化的因素。在文化的因素中有三种文化对执行力的破坏最大。第一种是人治文化。强调能人第一，制度第二。企业在创业初期主要靠个人的精明和独到之处成就一个企业发展前期的辉煌，但随着企业的快速发展，业务范围越来越大，能人的作用越来越成为中小企业向中大型企业成长的最大障碍，“论资排辈”会极大地影响团队成员的进取心和凝聚力。因此，必须消除能人文化的负面影响，建立一种“制度第一，能人第二”的文化。第二种是含糊文化。含糊文化在企业中多以“也许、大概、差不多”来应对上级领导的检查，往往不能发现阻碍业绩达成的核心要素。第三种是熟人文化，如果企业里面充满了这样的文化，离淘汰也就为时不远了。企业不是福利院，不是公益组织，企业首先是赚取利润和生存，一个发展中的企业必须改变熟人文化，建立生人文化，让机制和规则成为推动企业积极向前的原动力。

第二个障碍是制度因素。坏的制度下好人有可能变坏，好的制度下坏人可以变好。作为企业来讲，要强化制度流程，减少人为因素。班组管理者应该建立制度执行前的责任体系，明确目标，锁定责任；建立执行中的检查体系，对出现的问题要找到根源，彻底解决；建立执行后的即时激励机制，提高全体员工的执行力，同时将企业、班组目标和个人的目标结合起来，共同培育企业基业长青的基因。

第三个障碍是管理人员水平的因素。我们在管理中经常说要把合适的人放在合适的工作岗位上，使他的价值最大化。但对人的评价不能仅仅依靠感性，更多的是靠理性和业绩，把那些有潜力的人员放到合适的工作岗位上，使他们在实践中快速成长为企业和班组所需要的人才却不是一件容易的事情。因此，需要企业各级管理人员(包括班组长)不断关注和培养提升，打造“以市场为导向，以价值为核心”的强有力的执行型企业文化。

第四个障碍就是缺乏明确的发展战略。企业和班组要在市场经济中获得生存，就必须有自己清晰的发展战略，以指导整个企业在未来甚至一个长远时期内的总的工作进程。因为缺少应有的战略规划和目标，企业也就没法给班组和员工一个充满憧憬的未来，员工也就缺少积极进取的力量。这样的班组也就不能有很好的执行力，难以胜任各种工作任务和要求，又怎能在竞争取得胜利呢？上文中折飞机的拓展活动揭示了对于制定班组发展战略的意义。

提升执行力的首要因素就是模式的正确。在折飞机游戏中，最重要的因素就是飞机的选型，在试飞中，每个团队的 12 架飞机有的飞得远，有的飞得近。这也就是一个通过实践来挑选最优模型的过程，通过比较找到了本组中可以飞得最远的飞机，然后以这个飞机为模型，在正式比赛中 100 张白纸全部折成这个模型，保证了大部分飞机可以飞过 15 米而得分。

第五个障碍是缺少必要的试验。班组长要重视必要的试验在提高班组执行力中的作用，因为计划目标的完成、新工艺新技术的使用、新产品的开发利用都要求有一个试验的环节，不经过这一环节就贸然地大规模、大范围地使用，就有可能造成成本和资源的损失。因此，必要的试验对于提高班组执行力有明显的作用。折飞机的拓展活动提供了这方面的案例：

如何确定是不是正确的模式呢？特别是在存在偶然性的情况下，你不能判断一次试飞中飞得最远的飞机就是最优模型。这个时候需要用小资源去做尝试，找到真正的最优模型。比如做2次试飞，从12架飞机中找出3架两次飞得都很远的飞机，然后在这3架飞机中进行竞争，直到找出最优的飞机模型。虽然耽误了一定时间，但是也保证了模式的正确，所谓磨刀不误砍柴工。相反，如果为了节省时间不作测试，就把所有资源（100张白纸）都用在错误的模型上，结果将会是惨重的。

第六个障碍是缺少质量控制。因为班组如果出现产品质量问题，就会影响员工的工作信心，造成成本和效益的损失，从而对班组执行力形成负面作用。要进行质量控制就要加强对员工的培训工作，提高员工的素质。但是更重要的是要使用一些效果更好的质量管理方法，如6西格玛管理等。

如果培训工作做得好，质量不会出现大问题。如果开始的时候培训没做好，会出现残次品和废品。把这些残次品纸飞机废弃掉是非常浪费的，可把它们扔出去又飞不远不能得分，这时就需要质量控制这道工序，有专人检查出次品，并且把它重新叠成符合要求的飞机送入下一道工序。质量检验毕竟是一种亡羊补牢的手段，不如全面质量控制，在设计阶段就把质量问题降到最低程度，节省了人力和物力，提高了效率。

总之，要建设一个执行力强的班组，就必须克服阻碍执行力的障碍，这样才能保证班组的核心竞争力，使之成为企业和行业的模范与标杆。

4. 强化员工培训，增强员工的执行力

在班组中，要提高班组的执行力，不仅班组长要全面提高自己的能力和素质，班组员工也必须要加强学习与培训，因为影响班组执行力的因素是多方面的，如员工素质不一、现代技术发展更新速度和应用速度变化之快，都是其中的原因，因此，要求企业和班组必须对员工进行各种形式的培训，以提高员工的生产技能和综合素质，促进员工发展，进而提高员工的执行力。

【拓展活动】 神奇的大脑

(1)培训说明

这是一个发挥自身潜能的培训游戏。人的大脑是非常神奇的，它里面存储着很多东西，比如说有一天你就会突然想起一件很久很久以前发生的事情。

(2)培训游戏规则和程序

①人类的大脑是人们至今没有探寻清楚的领域之一，它就像一台计算机一样，存储着很多我们曾经经历过和学习过的东西，有些事你以为自己已经遗忘，却会突然在某些时候想起它。

②培训者告诉大家他将会给大家演示这一理论的正确性。

③培训者问大家："谁能告诉我你们小学校长的名字?"

④另一个方法是问学员他们小时候邻居家小朋友的姓名。

(3)相关讨论

①你是什么时候最后一次会想到你的一年级班主任的姓名？为什么这个姓名会那么快地钻进你的脑海里面?

②为什么有很多事情会一直在脑海里停留，而有一些东西却很快就会被我们忘记?

③鉴于记忆的这些特性，我们如果想要记住某些东西的话，应该怎么做?

(4)总结

①实际上，人的大脑的存量应该是有限的，我们总是在无意识地存储或删除某些东西，总是那些能够给我们留下深刻印象的人或物能够长时间地占据我们的脑容量。

②一旦我们想要记住某些比较重要的东西的时候，我们可以采取各种方法，例如联想法，然后不断地重复联想，以最后达到记住它的目的。

(5)参与人数

集体学员。

(6)时间

5 分钟。

(7)场地

不限。

(8)道具

无。

(9)应用

①激励员工。

②对于记忆力和学习方法的培训。

班组对员工进行培训的要求、方式和途径主要有以下几方面。

(1)制订实施计划。班组培训工作与其他工作一样，需要根据需求制订合理的实施计划。员工是设备的直接使用者，员工掌握基本技能是班组培训的重点。班组的培训计划应切合实际，因人而异、量化到人，让每个员工都能在培训中找到自己的位置，学到对自己、对企业有用的新知识、新技术。培训计划要有针对性，提高员工的学习积极性。在进行培训时，要根据具体情况采取不同的培训方式。

首先要因人制宜。就是根据每个人的具体情况制订详细的培训计划。比如说，一个员工的理论水平较高，实际操作水平欠缺，那么制订培训计划时，就要加大实际操作、事故处理等方面的内容，使这位员工的整体素质大幅提高；在培训计划上要体现出具体的培训对象、培训内容、培训时间、培训目标，也就是班组培训本着缺什么补什么。这样对于一个班组来说，每个人都可以取长补短，在提高个人素质的同时，也就提高了班组的整体水平。

其次要因岗而动。根据班组人员和工作内容的变化，制订相应的培训内容，使培训工作更有利于员工实际能力的提高，也就能够及时弥补因岗位变动而带来的知识的不足。

再次要因势而动。班组的培训工作应紧跟公司的安全形势，使培训工作更好地服务于生产。

在制订计划的同时，应做好计划的落实和实施。在实施中应处理好培训与其他工作的关系。通过具体的培训方法方式达到培训目的，根据班组培训特点开展活动。

(2)进行仿真模拟培训。仿真培训能够做到听讲、观察、思考、操作的有机统一，但更突出的是操作技能训练。仿真培训主要是对培训对象进行操作技能训练的过程，使培训对象掌握的有关生产原理知识以最快的速度转化为技能。

(3)开展员工自主学习。现在班组员工都有一定的文化水平，企业可以提供平台让职工通过阅读技术资料、互联网学习等手段，提高自身的技术理论水平。

(4)班组进行技术讲课和讲座。班组自行组织一些技术讲课，可以让班组技术骨干进行讲课。班组自己组织的讲课内容更切合实际、更具体。将具体的工作经验和工作方法进行传授，通过讲座研讨的形式对班组技术业务进行探讨，达到班组员工共同提高的目的。

(5)进行岗位轮换培训。为了培养员工的一专多能，加强协作、提高工作效率，企业应培养和训练多功能的作业人员。员工通过岗位轮换的方式来进行现场中的所有作业内容和工作方法，使员工都能熟练地从事每一项工作，成为多面手，实现企业的人才战略目标。

(6)组织练兵比赛。在现场进行一些有针对性的考问讲解、事故预想，使员工在工作的同时得到提高。组织一些小型技术练兵比赛，鼓励和激励员工进行自主自发向上的学习，在班组内形成比学赶帮超的氛围。

在培训时，要讲究方法，要避免传统的常用的灌输的方法，多用一些能充分调动员工学习积极性主动性的方法，引导他们积极思维、主动学习，这样的方法主要有联想学习法、案例法、探究法等。这些学习方法也可以通过拓展活动得到强化。下述拓展案例为我们提供了一些较好的学习方法，在班组长和员工培训中应多加强这种类型的拓展训练。

总之，员工的能力素质影响班组的执行力，而改善员工能力素质的最佳途径就是进行班组培训。在培训时，遵循上述途径和方法能更好地促进员工发展，提高班组全体员工的执行力。

5. 加强沟通与合作，提高班组执行力

在班组中，要很好地完成企业的战略目标和班组任务，就必须加强沟通，开展合作。但是沟通需要一定的方法，需要员工之间的相互理解与默

契。上述拓展活动能促使班组长和广大员工探寻不同的沟通方法，进行有效沟通，并遵循游戏规则，否则就不能完成传达信息的任务。这一拓展活动为我们提出以下问题：在班组中，班组长为提高执行力，应该如何与员工进行良好的沟通？

【拓展活动】 驿站传书

(1) 游戏类型

团队协作型。

(2)游戏目的

使学员强烈意识到，充分沟通对团队目标实现的重要意义；制度规则的建立与修正。

(3)游戏介绍

全队成员排成一列，每个人这时候就相当于一个驿站，到时候培训师会把一个带有7位数以内的数字信息卡片交到最后一位伙伴的手中，学员要利用自己的聪明才智把这个数字信息传到最前面一位伙伴的手中。当这位伙伴收到信息以后要迅速举手，并把最后信息写在纸片上交给最前面的培训师。比赛总共会进行四轮。在信息传递的过程当中我们会有一些规则来约束。

(4)游戏规则

在项目开始后，所谓项目开始是指培训师喊“开始”，信息从后面一位伙伴开始传递。要求：

①不能讲话。

②不能回头。

③后面伙伴的任何部位不能超过前面人身体的肩缝横截面以及无限延伸面(前后标准要以最前面的某个物品做参照，比如白板，离白板近则为前，离白板远则为后)。

④当信息传到最前面的伙伴手中时，这位伙伴要迅速举手示意，并把信息交到白板附近的培训师手中，计时会以举手那一

刻为截止时间。

⑤不能传递纸条和扔纸条。

⑥项目的最终解释权和裁判权归培训师(要解释清楚,某些很有争议的方法,和我们培训的整个中心相吻合算正确,背离则算错误)。

⑦第一轮时间≤2 分钟(给出 8 分钟的讨论时间,然后回来 PK)。

第二轮:以前规则继续生效,增加新的规则。

⑧第一轮所有方法不能再使用。

⑨不能传递和扔任何物品。

⑩第二轮时间≤1 分钟(给出 7 分钟的讨论时间,然后回来 PK)。

第三轮:以上规则继续生效,增加新的规则。

⑪第一轮、第二轮所有方法不能使用。

⑫第三轮时间≤40 秒(给出 6 分钟的讨论时间,然后回来 PK)。

第四轮:以上规则继续生效,增加新的规则,前三轮所有方法不可用。

⑬屁股不可以离开地面。

⑭第四轮时间≤20 秒 (给出 5 分钟的讨论时间,然后回来 PK)。

影响班组长的执行力的因素不仅有班组长和员工能力素质方面的原因,同时,班组员工之间、班组长与员工之间缺少沟通也是造成执行力不高的原因之一。因此,为了提高班组的执行力,有必要加强班组长、员工之间的相互沟通与协调,促进团队合作。

在这两种沟通类型中主要包括下行沟通和平等沟通两种形式。因此,在沟通中应主要遵循这些沟通类型中的原则、方法和要求。以下主要就日常的一般沟通提出所要遵循的一些基本方法和技巧。

(1)在沟通中要注意沟通双方之间相互关系的保持，要让彼此之间感觉到对方的尊重与真诚。在上下级之间进行沟通时，既不要让下级觉得上级高高在上、难以接近，也不要让上级认为自己的下属不重视沟通，不能实现沟通的良好效果。沟通时要自信，特别是就重要的事情进行沟通时；要语言流畅、让对方知道要表达的意思。

(2)在沟通时要紧紧地围绕沟通的主题进行，沟通双方不应该岔开话题，谈一些与沟通主题无关的事情，以免影响沟通的效果。为了缓和沟通的气氛，可从一些较轻松的话题开始。

(3)在沟通中要注意将口头语言与肢体语言综合运用，充分重视肢体语言在沟通中的作用。

(4)在沟通中要注意沟通的态度，积极沟通，重视且乐于沟通，愿意与人建立联系；在遇到沟通障碍时，能够以积极心态和不懈的努力对待冲突和矛盾，而不是强权或回避。

(5)在沟通中要及时反馈。重视信息的分享，用心倾听各方的意见，并根据实际情况及时做出调整和回应。

(6)班组要建立一定的沟通机制，班组长要能够有意识地在组织中搭建沟通平台，通过机制建设确保沟通渠道的顺畅。

总之，不管是班组长还是一般员工，在工作和生活中都要重视沟通、善于沟通。

6. 实施时间管理，做一个高效的班组长

时间对于管理者而言是重要的。有的人终其一生碌碌无为，并非是

因为缺乏做事的智商，而是因为没有更好的人生规划，不明白自己在什么时候该做什么事情，因而尽管忙忙碌碌，却终无所成。任何人一天都只有24个小时，但对于不同的人在一天中时间利用的长短却全然不同，这不仅缘于做事的方式不同，也是由于是否有更好的时间管理理念。因此，作为班组管理者和指挥者的班组长，应该有必要的时间意识，加强时间管理，充分有效地利用时间，懂得驾驭时间的艺术。下述"时间管理"的拓展小游戏告诉班组长对于时间管理的重要性。

【拓展游戏】 时间管理

(1)游戏引入

假如现在你个人的生命处于0～100岁之间，接下来我们来玩一个游戏。请准备一张长条纸，用笔将它画成10份(中间部分刚好每两列一份代表生命中的10年，分别写上10、20等，最左边的空余部分写上"生"字，最右边的空余部分写上"死"字)。

(2)下面培训师给大家提出几个问题，大家按要求去做

第一个问题：请问你现在几岁？(把相应的部分从前面撕掉。过去的生命是再也回不来了！请撕碎！)

第二个问题：请问你想活到几岁？(如果不想活到100岁的话，就从后面把那部分撕掉)

第三个问题：请问你想几岁退休？(请把相应的退休以后的部分从后面撕下来，不用撕碎，放在桌子上)就剩这么长了，这是你可以用来工作的时间。

第四个问题：请问一天24小时你会如何分配？一般人通常是睡觉8小时(有人还不止呢！)占了1/3，吃饭、休息、聊天、摸鱼、看电视、游玩等又占了1/3，其实真正可以工作，有生产力的约8小时，只剩1/3，所以请将剩下来的折成三等份，并把2/3撕下来，放在桌子上。

第五个问题：比比看。请用左手拿起剩下的1/3，用右手把退休那一段和刚才撕下的2/3加在一起，并请思考一下你要用

左手的1/3工作赚钱，提供自己另外2/3的吃喝玩乐及退休后的生活。

第六个问题：想一想。你要赚多少钱、存多少钱才能养活自己上述的日子，这还不包括给父母、子女、配偶。

第七个问题：请问你现在有何感想？

第八个问题：请问你会如何看待你的未来？这个游戏，你按要求做完了吗？你有什么感想？在一次培训课堂上，一位50多岁的老太太做完这个游戏，当场就"哇"的一声大哭了起来！

你珍惜生命吗？你想在有生之年有所作为吗？生命是由分分秒秒的时间所组成，时间管理的实质就是生命管理。

班组长要管理好自己的时间，必须懂得驾驭时间的艺术。所谓驾驭时间的艺术，是指能有效地利用自己的精力与时间，做自己应该做的管理工作，并善于运筹时间，能把主要时间花在处理最重要、最有效益的事情上。因此，班组长在时间管理上，要做到以下要求。

(1)善于运筹时间。"时间就是生命"，我们要做时间的主人，学会驾驭时间。对可做可不做的事情坚决不做，对能与别的工作合并的工作尽量地合并，能用简便方法解决的尽可能用简便方法解决。此外，要善于把零星时间集中为一个整体时间，去解决一两个实际问题，这样就可以节省大量的时间和精力。

(2)提高会议效率。开会的目的是解决问题，提高管理效率，凡可开可不开的坚决不开；会议必须准时，对迟到者应给予批评；主持会议要有充分准备，发言要求准确简单，不能信口开河、漫无边际；会议应有决议，议而不决等于浪费时间。

(3)坚决不欠债，坚持当日事当日毕。凡事赶前不赶后，不要负债，因为时间的债务是永远无法偿还的。

(4)利用先进手段。为了省时间，能发信息的不打电话，能打电话办的事情，就不要走路去办，能发告示的事就不要开会，能合并办的事就不要单独处理。

(5)善于分解授权。为了保证团队的高效合作,我们应该将能由别人替代做的事情尽量分解授权出去,不要事必躬亲。让自己全力以赴地去做别人无法替代的更重要的工作。

(6)要懂得说“不”。并非每个人都懂得时间的重要性,有些人在工作中本来就养成了不好的习惯,办事拖沓、没有时间效率;因此有时候难免把这种习惯也带进班组中,此时班组长应该果断处事,不能应承的工作就要敢于说“不”,以免浪费时间。同时,对于非本职工作或一些不合理的要求,班组长也要明确做出拒绝,不能因为碍面子、充好人而拖拉不决,白白浪费时间。

(7)寓教于乐、生动活泼。为了提高工作实效,我们在把握方向的前提下,要努力创造和采用各种新型的思想工作方法,力求生动活泼、丰富多彩,富有时代特征,使人乐于接受。其形式要有吸引力、趣味性和新鲜感,做到多层次、多样化,诸如读书、演讲、知识竞赛、文体娱乐、参观旅游等,寓教于乐,围绕员工的兴奋点来开展,为员工所喜闻乐见。

(8)处理问题要分清先后次序。在重要性上并不是所有事情都是一样的,这时候班组长要先重要后次要,先容易后困难,这样会节约出一些时间。

(9)计划、执行、检查和总结是处理每项工作的必需环节,班组长要善于制订工作计划,有序地开展工作;在执行过程中要注意速度和进度,提高执行力;同时要加强检查和总结,及时给予反馈,这样可以避免某些不必要的重复工作。

(10)要不断总结经验、提高能力。处理某一事情和问题所需的时间长,往往是因为缺乏经验和能力,因此,班组长要不时地总结经验,向有经验的员工学习,提高自己的处事能力。

总之,班组长要注意工作方法,在众多事情中先易后难、先重要后次要、先完成上级交办的事情,再全力以赴地解决班组中的问题。要培养员工遵守作息时间和各种制度的习惯,上班、开会不迟到,工作任务按时完成,这样也会节约班组长的时间。

7．建设班组执行文化，持续提升班组执行力

执行力决定一个企业的成败，因为企业执行力的强弱直接决定着它的兴衰。打造企业的执行力、提升企业执行力有多种途径，其中建设班组执行文化是其中一条重要的途径。

执行文化，就是把“执行”作为所有行为的最高准则和终极目标的文化。欲提升企业执行力，一定要抓住执行文化这个根本。因此，营造企业执行力文化是企业领导者最重要的任务之一。建设班组执行文化应注意以下几点。

(1) 营造做事用心、快速和注意细节的文化氛围。在企业上至高管下至普通员工中树立起这样的执行力意识：全心全意立即行动，是优秀的执行力；不疼不痒拖拖拉拉，是低下的执行力。企业每位成员无论做人、做事、做管理，都应当踏踏实实。从大处着手，从小事做起，拒绝浮躁，切实执行。无论是高层、中层还是基层，如果每个人都能快速、保质保量地完成自己的工作任务，就不会出现执行力不强的问题；如果组织成员在每一个环节和每一个阶段都能做到一丝不苟，就不会出现执行不力的现象。

“态度决定一切，细节决定成功。”对于员工来说，所谓的执行力，其实就是员工注重细节的一种精神。企业文化决定员工的工作态度，而态度又决定细节。因此，企业须营造注重细节、追求完美的文化氛围。

(2)营造“赢在执行”的文化氛围。在执行中也许会遇到挫折和不快，甚至有较大的难度，但企业的每一位成员应该清醒地意识到良好的执行力能给员工带来足够的回报——执行的业绩让企业受益，员工自然也会得到应有的回报；成功的执行必将体现员工的自我价值，同时也让员工脱颖而出；执行是员工自身的需要；执行本身就是快乐。

战胜执行中可能遇到的“挫折”和“压力”是优秀员工的标志，即使企业没有及时给予员工足够的认可，但成功本身就是员工最大的收获，当员工用一份良好的心境去寻找执行的乐趣时，执行中的烦恼就会被抛弃到一边。

(3)制订切实可行的目标和制度。班组在制订目标和制度时，要充分考虑现有的人力、财力、物力、技术和管理水平，以及企业所面临的外部环境。管理者对在执行过程中可能遇到的问题、困难和障碍需进行仔细评估，并设计好应对的处置办法，在此基础上，客观制订企业战略规划和制度。同时，目标规划要可行，管理制度要合理、严谨。

(4)使用具有执行力的管理者。在企业执行力的三个核心流程中，无论是做正确的事，还是把正确的事做正确，都必须依赖人；有了人但不具有执行力，企业最终还是成不了事。在企业中，管理者是最重要的执行主体，管理者本身的行为是企业员工的风向标。管理者的执行力决定公司本身的执行力，特别是高级管理者对企业的发展和执行力的高低起着举足轻重的作用。企业要想提高执行力，关键在领导者。在企业战略决定以后，作为管理者的工作不是结束，而是刚刚开始。管理者必须盯紧整个执行过程，在执行任务的每一个阶段和每一个环节都要保证万无一失。如果管理者做不到常抓不懈，企业的工作就会虎头蛇尾，开始时轰轰烈烈，最后不了了之。

(5)重用具有执行力的员工。个人执行力是个人成功的关键，也是企业执行力得以保证的基础。企业要树立重用具有良好、积极执行心态的员工的意识。执行心态包括工作态度、工作激情和工作信念。工作态度指员工如何看待自己的工作，并以怎样的态度对待它，包括敬业、勇敢和持之以恒的信念等；工作激情比工作态度更进一个层次，对于员工来说，是能以饱满的精神面貌去积极、更好和更快地完成工作；工作信念，是指员工将自己的工作任务执行到底的意识，一个称职的员工对待工作应有不达目的不罢休的精神，有了这种心态的员工在工作中可以表现出对工作的极大热情。班组长要知人善任，重用有执行力的员工。这也在拓展游戏中有所明示。

制定了流程，必然由人来完成每一项流程工作。选对人也是很关键的因素，谁适合折飞机？谁适合扔飞机？需要领导来筛选。有人手巧折飞机快，有人力气大、技巧好扔飞机远，领导的任务就是找到这些人，把他们安排到合适的岗位上，让他们发挥出最大的生产力。就像打麻将，同一手牌，有人打得好，有人打不好，关键在于如何搭配。选对人也是关键，人力资源部门就承担了很重要的责任。

(6)建立合理的激励机制。执行力也离不开“有效的激励”。员工关注的不仅是埋头苦“干”，更为关注的是“干”的目的、利益，有所求是有所为的真正动力。员工个体利益与企业整体利益不尽相同，因此企业不能只靠整体利益激励员工，诸如“企业利润翻几番”，而要更多注重“对员工个体受益具体承诺”的激励，关注员工的个人成长，才能让员工与企业荣辱与共，息息相关。激励是提高执行力最有效的方法之一，通过树立典型、提职、加薪和物质奖励让员工意识到有付出才会有收获，有奉献就会有回报，认识到公司发展的美好前景和本人的职业发展方向。公司对于有突出贡献、工作出色的典型个人要给予提职、加薪奖励，主管要适时适地给予这些人鼓励、口头表扬、书面表扬，对于优秀的团队要给予荣誉和物质奖励。另外对于因非人为因素或不可抗拒因素导致不成功的失败者，只要是尽力将公司损失降到最低，也应当进行适当奖励，以此来肯定他们的努力和所创造的精神价值。

在建立激励机制时，要加强绩效测量。只有进行绩效测量，才有可能对员工进行全面的评估，找出执行中存在的问题并进行解决。

同时建设班组执行文化，也要求融入各种新思想，使各种指标透明化，形成二维管理模式等。

执行力实质是一种企业文化——执行力文化，它的内涵是知行合一。执行力决定企业的业绩，同时与员工的利益息息相关。因此，建设班组执行文化，对提高班组执行力是相当重要的。

第七章

促进效益管理，班组长成本控制拓展训练

1.

加强成本管理，有效控制成本

简单地说，成本是指生产和销售一种产品所需的全部费用。企业生产和销售某种产品，既有单位产品的成本，也有生产所需的总成本。从这一角度出发，如何降低产品的单位成本，进而降低企业的总成本，增加企业利润，就成为企业管理者要考虑的问题。生产需要消耗资源，而资源是指一切能被人所利用的物质。在一个组织中，资源一般包括人力资源、物力资源、财力资源和信息资源等。因此，企业要达到增值的目的，就要消耗一定的人力资源、物力资源、财力资源和信息资源，而各种资源是有价值的，甚至有的是稀缺资源，因而就会产生一定的成本。从这一角度出发，要想减少成本，就必须节约各种资源的使用。所以，企业要获得更多的效益，有效地控制成本、减少成本支出是一条很好的途径。

【拓展活动】 航空公司的经营游戏

(1)游戏方法

①将学员分成5～6个组，每个组将分别代表一家航空公司进行市场经营。

②市场经营的规则就是：所有航空公司的利润率都维持在9%；如果有三家以下的公司采取降价策略，降价的公司由于薄利多销，利润率可达12%，而没有采取降价策略的公司利润率则为6%；如果有三家和三家以上的公司同时降价，则所有公司

的利润都只有6%。

③每个小组派代表到小房间里，交代上述游戏规则。并告诉小组代表，你们需要初步达成协商。初步协商之后小组代表回到小组，并将情况向小组汇报。

④小组讨论五分钟之后，需要作出最终的决策：降还是不降。并将决定写在纸条上交给讲师。

⑤讲师公布结果。

(2)点评

①本游戏看似简单，但结果往往出人意料，因为大部分公司都会选择降价，结果降价会导致两败俱伤。

②这个游戏还告诉我们两个道理：一是不要假定竞争对手比你傻。二是不要打价格战，因为价格战没有赢家。

可见，成本管理是班组长的重要工作之一，只有管好成本，才能提高效益。

第一，要增强班组效益，要加强成本管理，规范企业的成本预算，规范成本控制。

(1)正确地编制成本预算。这对企业发展有重要意义：可为企业预算期成本管理工作指明奋斗目标，并为进行成本管理提供直接依据；而且，成本预算还能动员和组织全体职工精打细算、挖掘潜力，控制成本耗费，促使企业有效地利用人力、物力、财力努力改善经营管理，以尽可能少的劳动耗费获得较好的经济效益。同时，成本预算还可作为企业经营业绩的考评标准。

(2)成本预算的内容。一般而言，成本费用预算的内容主要包括营业成本预算、制造费用预算、经营销售费用预算、财务费用预算、管理费用预算、维修费用预算、职能部门费用预算。

(3)成本预算的基本要求。做好成本预算工作，要从成本费用、收入、资产负债、职能部门费用、财务指标以及现金流量等多方面去进行。预算是全员、全过程预算。要做到凡涉及资金活动的地方都要有预算，使预算无死角、无遗漏。

第二，要增强班组效益，同时要实行全面成本管理。在一个企业中要实现全面成本管理，必须从管理过程分析的角度，全面审视企业现有的经营过程，并从中寻找存在的问题，持续改善，全面地、持续不断地进行改进。

实行全员成本管理要进行全员成本教育，使全体员工明了企业成本与本职工作的关系，把员工的个人利益与填报原始数据联系起来，制订科学合理的消耗定额并作为核算及考核的参照依据，严格落实资金定额，做好相关的传票、台账、劳动时间、个人考勤及财务记录和考核工作；同时要选择适宜的目标市场，全力投入企业力量；要讲求资本运行效率，做好各种市场调研，进行技术经济可行性分析。

第三，企业的精细化管理对控制成本也具有重要意义。进行精细化管理，就是要做到"五精四细"："五精"是指精华（文化、技术、智慧）、精髓（管理的精髓、掌握管理精髓的管理者）、精品（质量、品牌）、精通（专家型管理者和员工）、精密（各种管理、生产关系链接有序、精准）；"四细"是指细分对象、细分职能和岗位、细化分解每一项具体工作、细化管理制度的各个落实环节。"精"可以理解为更好、更优，精益求精；"细"可以解释为更加具体，细针密缕，细大不捐。精细化管理最基本的特征就是重细节、重过程、重基础、重具体、重落实、重质量、重效果，讲究专注地做好每一件事，在每一个细节上精益求精、力争最佳。企业只有不断地深化精细化管理，提高企业的应变能力，规划好每一分钱、用好每一分钱、赚到可以赚到的每一分钱，才能健康稳定地发展，才能在未来的竞争中立于不败之地。

在成本管理中要采取正确的策略，而不要使用一些与竞争对手两败俱伤的方法，不能通过一些不正当的竞争手段来达到降低成本、减少损失的目的，例如进行价格战。

总之，成本是决定企业效益的一个重要方面，因此企业班组在创建效益型班组活动中，要加强成本管理，做好成本预算，以达到节约增效的目的。

2.

强调开源节流，形成节约意识

“开源节流”出自《荀子·富国》：“故明主必谨养其和，节其流，开其源，而时斟酌焉，潢然使天下必有余，而上不忧不足。”这个成语解释为：开发水源，节制水流。比喻增加收入，节省开支。

俗话说得好，省一分等于赚一分，只有在班组树立开源节流的意识，形成节俭办事的氛围，才能很好地调动班组全体员工共同来降低成本，提高效率，从而实现班组的高效益。所以，培养员工的节约意识相当重要。

【拓展活动】 制造游戏

(1)时间

40～60分钟。

(2)人数

不限，人数较多时，需要将队员划分成若干个由5～7个人组成的小组。

(3)道具(每个小组)

①一个大球，诸如足球、篮球均可。

②两个小球，诸如网球之类即可。

③两个扫帚把。

④3节3～6米长的绳子。

⑤4张A3纸。

概述：这个游戏可用来激发整个小组的创造性思维。

(4)目的

①展示同心协力在工作中的作用。

②培养创造精神。

③练习以小组为单位解决问题。

④开发新产品以减少库存,降低成本

(5)步骤

①将队员划分成若干个由5～7个人组成的小组。

②给每个小组发游戏材料。

③让每个小组利用手中的材料。用30分钟的时间,设计出一个全新的游戏。30分钟后。各个小组分别讲述自己设计的游戏。所有小组都讲述完毕后,大家共同选出最佳游戏。最后是大家一起来玩这个最佳游戏。

④你可以这样设计游戏开场白:

我们在一家资深的设计和销售户外游戏的公司里工作。公司已经有一段时间没有推出新游戏了,这种状况已经引起了CEO的关注。在此之前,公司曾推出过一个新游戏,但是市场反应极其冷淡.这造成了大量的原材料积压。CEO要求每个小组利用现有原材料设计出一个全新的游戏,并且为游戏想出一个精彩的名字,以便做营销宣传。30分钟后,CEO将亲临设计现场,听取每个小组的设计汇报。汇报完毕并选出最佳游戏之后,大家要一起来玩这个新游戏,体会一下这个游戏是否能像听起来那样精彩。

(6)讨论问题示例

①在一些游戏过程中出现了哪些问题?怎样分析问题的?每个人都做了什么?

②在游戏过程中遇到了什么困难?是如何克服这些困难的?

③如何将这个游戏和我们的实际工作联系起来?

(7)安全

视具体游戏设计而定。

(8)变通

可以根据实际情况变更道具中要求的材料。

上述拓展游戏通过激发训练者的创造性思维，开发新的游戏形式，达到减少原材料积压的目的。这也是在降低成本过程中所使用的开源节流的一种方法。

要做到开源节流，首先班组要扩大生产，提高班组绩效，增加班组收益。这样，企业才会有更多的积累资金用于生产，进一步扩大班组的生产规模。同时，企业领导和班组长广开财源，争取政府、相关组织和单位以及个人对班组投入更多的财力和物力，以保证班组生产所需的必要的物质基础。班组中要加强成本控制，形成节约意识，做好节约工作。开源与节流是相辅相成的，做好成本控制自然会增加企业效益。要做好成本控制，一是要有规范、科学的财务制度，二是要严格按照制度来执行。

其次，要明确企业各部门的职责。各部门工作职责不一样，其具体表现和应关注的重点工作也是不一样的。如销售部门开源重于节流，要在保持主力产品市场份额最大限度不受损的情况下，寻求其他之前未重点关注的产品多争取市场份额，有针对性地实施产品多元化策略，这些都为开源的方式。构成销售部门的主要成本有员工工资、营运费用、税金和货物存放利息等部分。针对这些成本构成，班组可以采取以下方式达到开源节流的目的：如提高员工的工作效率，合理安排员工的工作任务，将不符合企业和班组要求的员工淘汰；减少厂房和办公租金；关注当前政府扶持企业的优惠政策，争取享受更多税收优惠；提高货物调动准确度以及货物周转速度等，以这些方式达到节流的目的。当然以上方式的运用和实施必须是在不影响企业正常经营的前提下进行。对于企业直接生产部门(如班组)和职能部门，开源则主要表现在：提高机器运行效率，提高部门内部员工的工作效率，提高跨部门沟通配合效率等方面，从提高效率着手，减少内部运作内耗，从而达到开源的目的。为实现节流，则要关注生产经营过程中物料浪费等问题，将生产过程中物料使用、辅料使用、工模夹具使用、后勤物资使用标准化，并关注相关物料、工模夹具的品质，严格按照相关标准管控使用，在不影响正常生产的前提下，做到成本投入产出最大化，生产过程中，关注产品品质，杜绝因产品品质问题而产生的浪费现象。

最后，班组要苦练内功、打好基础。就这一要求来看，虽然企业各部门职责不一样，但在打好基础、苦练内功方面却是一致的。企业和班组领导要具有改革创新意识，在不同时期要对班组进行相应的改革，促使班组从本部门做起，细化班组内部管理工作，加强基础性管理工作建设，要将各种工作做细、做实，做得不好的地方进行调整，并逐步将班组管理工作规范化、科学化。

3. 提高员工技能，降低生产成本

员工的技能状况如何对班组生产和建设有着直接的影响：这不仅表现为员工的技能素质是提高班组生产能力的关键；同时，技能状况也会影响生产的速度和产品的质量，从而对班组生产的效率和效益(如生产成本、经济损失等)也有某种程度的影响。所以提高员工的技能和素质，打造一支高素质、懂技术的员工队伍，对降低企业和班组的生产成本、促进企业更好更快地发展是有帮助的。员工素质、技能的提高，与企业的培训开发和平时的学习锻炼有密切关系。

(1)企业和班组领导要重视员工培训。搞好员工技能培训首先需要各级领导站在企业生存发展的高度，从思想上高度重视，充分认识搞好员工技能培训的重要意义，真正从认识上统一，从行动上支持，把员工技能培训作为提高企业竞争力的大事列入重要的工作日程，制订短期、中期、长期培训目标、规划和切实可行的措施，不断加大投入，建立长效机制，使之真正达到较好的效果。认真实施以提高岗位操作技能水平和事故处理能力为重点的技能人才培训，积极开展一系列职业技能竞赛、日常技术培训、岗位练兵等活动。

(2)科学确定培训内容。技能培训内容是否科学合理，直接影响着员工技能培训的质量和效果。培训内容要是失误，培训的人才用不上，就会造成时间和资金的浪费。员工培训要与企业生产经营目标和企业长远发展目标相一致，培养德才兼备的人才，以提高员工的综合素质为内容进行培训。培训要有针对性、实效性和前瞻性。要培养复合型人才。

(3)创新技能培训方式是搞好员工培训的保证。创新技能培训方式，广泛引入现代培训手段，是培训能否取得效果的根本。受传统教学思想的影响，在培训中一般以讲授为主，经常较多地注重理论而较少地联系到企业的实际情况。因此，在培训中要理论联系实际，采取多种方式进行培训。比如:①脱产培训。员工离开工作岗位进行培训。②互动式培训。培训由大家共同参与，每位员工都是老师，各负责主讲部分内容，每讲完一部分，员工就其授课内容及方式展开集体讨论，总结长处、改进不足，增强培训效果。③岗位复训。对于在某一岗位工作一段时间后的在岗员工进行岗位复训，温故而知新，紧密结合生产实际，按需施教，根据实际工作中出现的问题和需要，缺什么补什么。④以师带徒。此种方法主要适用于新员工和员工晋升、岗位轮换，当员工缺乏岗位经历或对岗位情况不熟时，必须通过带岗者的言传身教，使员工获取实践经验，以尽快达到岗位要求。⑤由企业聘请在院校的专家学者和学有专长、用有所能的专家型、技能型员工传授有关知识、技能和经验，促进新老员工的技能发展。

(4)其他技能培训。除了“正规”的培训之外，还有哪些方法可以提高员工的技能、增加他们的知识呢？这里介绍五种简便易行的培训方法。

①独立式学习。独立式学习就是让学习者独立完成一项具有挑战性的工作。这初听起来不像是培训，但是这种潜在的培训价值很快就会在员工工作中显露出来。试想在整个工作中，员工必须合理地安排每一个工作步骤:在什么时间达到怎样的目标；决定采取哪种工作方式、哪种技能；当工作中遇到困难的时候，他得自己去想办法，拿出一些具有创造性

的解决方案。这对于培养员工独立思考和创造性的能力都是很有好处的。这种学习方式也有利于促进学习者为独立完成工作去学习新的技能,迎接更大的挑战。

②开放式学习。这种学习方法给接受培训的人以较大的自由,学习者可以自由地选择学习的时间和学习的内容。学习的内容根据工作需要可以是管理课程,也可以是计算机编程方面的知识,或者是他们感兴趣的、对他们的工作有用的一些知识。他们可以到图书馆里去自修,还可以请企业和班组的业务顾问帮忙。有的企业甚至要求学习者在一段时间内阅读一些与他们工作相关的书籍,然后在培训会上讲演。

③度假式学习。有些企业通常会允许或安排某些业务骨干抽出时间到某些大学去学习短期培训课程,并希望他们学成后,能够将这些理论知识应用到工作中解决实际问题。这就是我们所谓的“度假式学习”。通常员工也会利用这个“假期”获得相关的资格证书。

④轮换式学习。这就是我们所谓的“工作轮换”或“岗位轮换”。它适用于大大小小的企业。一般企业规定一两年内某些管理者的岗位就可以轮换一次。到那时,新的岗位,新的职位,新的员工,新的问题,一切从头开始,这样做有利于培养出全能人才。

班组队伍的整体技能和素质取决于员工个人的素质、能力和技术。因此,要不断地促进员工个人的学习以及班组的学习,其途径包括建立班组和个人的愿景,提高班组系统思考的能力,加强班组中的知识管理,改进员工的思维能力,形成正确的思维方法等。那么,通过技能培训,能更有针对性地提高员工的技能,为在班组中产生一批专家型、技能型员工创造良好的条件。随着员工个人技能的提高,整个班组的技能水平也随之提高,这对创建技能型班组无疑是相当重要的。因此,加强对员工技能开发和培训,应引起企业领导和班组长的高度重视,应把它当作一项日常工作来抓。

4.

开展“五小”活动，提升班组效益

班组中开展各种有益活动对提高企业的效益也是不可缺少的。班组中最积极、最重要的活动就是开展“五小”活动，“五小”活动的内容主要是指在班组中开展的、以班组员工为主的“小发明、小创造、小革新、小设计、小建议”五种活动。目前，在我国的许多企业中，都积极鼓励大力开展“五小”活动。

“五小”活动的开展最早要追溯到20世纪80年代初，这一活动在开展之初就给国家和企业带来了不少的经济效益。在1983年4月20日，共青团中央会同国家经委、全国总工会联合发出《关于在全国青年职工中开展“五小”智慧杯竞赛活动的通知》。经过一年多的实践，全国有1000多万职工踊跃参加。他们围绕产品的更新换代、工艺和设备的革新改造开展攻关，共实现“五小”成果40多万项，为国家和企业创经济效益上亿元。“五小”活动经过几年的推广之后，逐渐地从自发阶段走上了自觉阶段，并向规范化方向发展，这主要体现在以下诸方面：如团中央和国家经委在1983年3月提出《关于继续深入开展青工“五小”活动的意见》，对这项活动的内容、表彰办法、奖励、技术鉴定、成果转让等具体方面都做出了规定；一些地方也建立了“五小”奖励基金会，颁发了“五小”成果奖励条例等，使这项活动更加科学化、系统化。此后，企业和班组的“五小”活动或类似活动一直坚持至今，为企业和国家带来了相当可观的效益。

“输电线路上在装设接地极时，需要将接地极用纯人力直接插进地里面。由于接地极是尖端设计，在向泥土里插时，受力面积小且容易附着泥土，增加了阻力，需要耗费更多的人力和时间。我们可以在接地极尖端套上一个螺丝帽，加大接地极尖端与泥土的受力面积，问题就迎刃而解了……”这是 2011 年 5 月某班组召开“五小”创新活动项目评审会，员工高锡晨就自己提出的小发明向评委作出的解释。就是这样一个小小的发明，实施后每年可以节省大量的人力和物力。

小高只是企业“五小”活动大军中的一员，这些年“五小”活动在全国开展得如火如荼，不仅激发了广大员工投身创新实践的积极性、主动性，同时也为班组和企业实现技术创新、提高经济效益搭建了平台。例如，沪昆客专项目部“采用 HWJ－3300 型钢筋焊网机进行钢筋网片加工技术”，仅此一项每年可节约资金上百万元。再如杭长客专株洲轨道板场和株洲市农业技术部门、市政水处理部门紧密联系，对生活污水进行系统处理，循环利用，达到零污染排放，每年创经济价值 10 万元。

可见，开展“五小”活动，对于班组和员工的发展，促进班组利废用新、节约成本，增加班组效益，都有重要作用。

“五小”活动的开展，为广大员工施展聪明才智提供了条件，他们发明创造的许多科研项目填补了技术空白，一大批员工成为各行各业的技术标兵、操作能手和模范工作者。通过开展“五小”活动，促使员工创造革新、推动企业技术进步，为提高企业经济效益做出贡献。开展“五小”活动也有利于企业员工的成长和发展。在活动中，老员工带动新员工，为新员工的技术成熟和进步起到了很好的作用。同时，通过活动，激发员工们的创造力，促使员工们进行学习和创新，为改进企业和班组的技能水平、提高企业效益创造了条件。

所以，班组长要善于激发班组员工的创新积极性，发挥他们的聪明才智，引导班组员工从“小”做起，立足本职岗位，动脑筋，想办法，关心企业的发展，开发新技术，创造新工艺，提出新产品，解决生产岗位上存在的问题，促进生产的发展，增强班组的效益。

5.

加强质量建设，减少质量成本

班组的生产是企业效益的源泉，而产品质量要求又是班组进行生产的基本要求。因此，企业产品质量的好坏直接关系到企业效益的实现：产品质量高，购买的消费者多，企业的市场前景就看好，效益也就更加容易实现；否则，企业的市场份额就会变少，效益也就难以保障。不仅如此，质量直接关系到企业的品牌和形象，企业口碑好，得到许多人的信赖，那么企业的品牌和形象就是正面的，也就更有利于企业的发展。同时，产品的质量好坏也直接影响到企业的成本，因为一旦出现产品质量问题，就必然要对客户进行经济赔偿或更换产品，这样会导致企业的经济损失，或是造成产品积压而不能及时脱销，形成积压成本。最终因质量问题不能销售的产品则对企业造成直接的经济损失，甚至会使企业倒闭。所以加强质量建设，减少因质量造成的成本或损失，对于企业的意义也就非比寻常。

加强产品质量建设，首先要加强质量管理。通常，质量管理是指在质量方面指挥和控制组织的协调的活动，包括制订质量方针和质量目标以及质量策划、质量控制、质量保证和质量改进等活动。加强质量管理要从以下方面入手：一是建立质量管理制度和质量管理体系；二是要综合运用各种质量管理方法：包括 PDCA 管理法、目标管理法、全面质量管理法、质量管理的统计技术方法、质量改进方法等；要确定一定的质量管理原则，这些原则主要有：原则一，以顾客为关注焦点；原则二，领导作用；原则三，全员参与；原则四，过程方法；原则五，管理的系统方法；原则六，持续改进；原则七，基于事实的决策方法；原则八，与供方的互利关系。

当然，必要时要运用某些管理工具，如控制图、帕累托图、直方图、流程图等，并加强质量认证工作。

其次，实施全面质量管理，加强质量控制要注意以下内容：

（1）提高全员的全面质量意识。意识决定行动，任何管理措施的实施都要统一思想，首先企业领导者的认知程度，直接影响了员工的质量意识。领导者要率先垂范，带领全员深入持久地开展全面质量管理活动。其次要提高每个员工的质量意识，通过全面质量管理的知识宣传和培训，增强质量意识，提高技术和技能水平并运用到生产实践中。同时要加强职业道德教育，强调员工与企业共同发展的理念，提高员工的工作责任心，增强对企业的使命感。总之，要通过各种形式的培训和岗位教育，真正提高全员的质量管理意识，促进企业全面质量管理工作。

（2）建立完善的质量责任体系。质量管理的核心是质量管理体系的建立和运行，全面质量管理涉及影响产品和服务质量的所有因素，包括人、财、物和管理等各个环节，涉及企业中的所有部门和人员。为分清质量工作的责任，必须做到凡事有人负责、凡事有人监督、凡事有人落实、凡事有人考核，建立与健全质量责任制，形成一个完整、严密、高效的质量责任体系，保证全过程质量的可控、在控。

（3）做好全过程质量管理的组织协调工作。既然质量管理涉及部门多、人员多，在流程衔接上就必然会出现这样那样的问题，必须注意做好全过程的组织协调。首先必须明确各个部门的质量职能，只有各部门各自承担的质量职责明确，全面质量管理的各项工作才能得到有效的执行。其次，必须明确一个综合性的职能管理机构，从总体上协调和控制上述各方面的职能，使质量管理体系有效地运转起来，从而以最小的摩擦、最高的效率、最好的质量获得最好的管理效果。

（4）在全面质量管理中注重效益。全面质量管理强调的是广义的质量，与降低成本、提高效益并不矛盾，是协调一致的。在企业推行全面质量管理，也是为了减少整个生产过程及各个工序的无效劳动和材料消耗，降低生产经营成本，生产出顾客满意的产品，提高企业的经济效益，增强竞争实力，促进企业的发展壮大。

此外，实施全面质量管理要在班组中通过各种途径达到使“顾客最大满意”的目的，创建“以顾客为中心”的文化。实施全面质量管理，要遵循一定的质量标准，严格按照 ISO9000 系列标准的要求进行生产；质量管理不只是班组的责任，高层领导要更加重视质量管理；要加强以顾客为导向的外向型管理，并制定质量战略及策划。

6．重视设备的维修保养，提高设备的利用率

设备的维修保养属于班组的设备管理工作。班组设备管理是企业设备管理的基础，因此发动生产员工管好、用好、维护好自己操作的设备，加强生产班组的设备管理工作，就显得更为重要，而且做好班组设备管理也是贯彻“专业管理与群众管理相结合”方针的有效措施。

(1)班组设备管理的基本任务。班组设备管理的基本任务可以概括为专人管理、正确使用、合理润滑、精心维护、定期保养、安全生产、做好原始记录，以保持设备长期处于良好的技术状态，确保公司产品质量和生产任务的顺利完成。

(2)班组设备管理的工作内容。

①专人管理——实行“定人定机，凭证操作”。即设备归谁使用，就由谁负责保管和维护保养。建立台台设备有人管、有人维护保养的岗位责任制，并将该台设备管理负责人，用统一格式写在设备标牌上。生产工人经过理论知识、实际操作考试合格后，发给“设备操作合格证”，凭证上岗操作。

②正确使用——操作者必须熟识设备规格、性能、构造和调整方法，不准超负荷、超规格、超速使用设备，同时要遵守工艺规程和设备操作规程。

③合理润滑——设备不加润滑就会发生事故，搞好合理润滑的中心环节是实行“润滑五定”，即定人、定点、定质、定期、定量。

④精心维护——设备的日常维护保养分为班保养、周保养和月保养。精心做好维护保养工作是减少故障、保证生产、延长设备使用寿命的关键。班保养和周保养的具体内容如下。

班保养——由操作者负责进行，要求做到：班前对设备各部进行检查点检，并按规定加油润滑，确认正常后才能使用。设备运行中要严格遵守操作规程，注意观察运行情况，发现异常要及时处理，操作者不能排除的故障应立即通知维修工人检修。下班前用 5～10 分钟进行设备清擦保养，要求达到各处导滑而清洁，各处积油、积水、积屑清除干净，设备外表清洁，零附件无缺损，摆放整齐，工作地面整洁，记好交接班和运行记录。

周保养——由操作者在周末用 0.5 小时进行，要求达到除完成班保养内容外，还应全面清擦设备各表面和死角，拆洗防护罩，清洗油池、油线、油毡和外露部分传动件。此外，还有定期保养(月保养)、一级保养，由操作者在月底或月初用 0.5～1 小时进行。二、三级保养以设备维修人员为主，设备操作者配合进行。

(3)如何开展班组设备维修保养工作。

①组织培训——对操作者、班组长进行培训。培训方式可以采取集中讲课，岗位练兵，师傅带徒弟等不同形式。经过培训达到应知应会，然后进行理论知识和实际考核，对特种设备操作者培训合格后发放设备操作证。

②开展设备群管活动——班组设备管理是设备群管的基础，每一个班组应广泛开展群管活动，定期进行检查，使设备管理真正建立在全员保证的基础上。

③定期进行检查、评比、奖罚。班保养由班组操作者每天检查记录，周保养由班组长和班组操作者每周末逐台检查记录，月保养除共同检查记录外并报部门。部门结合月奖金分配进行奖罚，但必须奖罚分明，有奖有罚并公布于众。

(4)班组长在设备维修保养中的职责。

①积极执行公司有关设备管理的各项规章制度,接受公司设备管理部门的业务指导。

②检查和督促本班组设备操作者正确使用设备,认真执行设备操作规程,不违章使用设备。

③组织本班组设备操作者严格执行设备班保养、周保养、月保养和定人定机,做好原始记录,充分发挥班组作用等。

7. 实施民主管理,采纳合理化建议

民主管理是现代管理的基本原则。由于传统的班组一般是按照韦伯的行政组织原则设置的,因此,这样的班组往往容易导致管理上的僵化和机械,行事专权,缺乏人性。所以,这种组织结构很容易遭人诟病。但是,西方社会在工业管理思想的发展过程中,从梅奥的“霍桑实验”起,就发现决定员工工作态度、积极性,以及对企业的满意度的因素常取决于更加人性化的因素,如对工作环境的改善、对员工需要的满足、对员工的尊重,以及对员工参与管理的引导等。这些管理经验的运用,也促使企业主在对企业发展的某些问题上,吸引员工参与企业的管理,在关于企业的重大问题的决策上与员工们平等协商,民主决策。因此,在现代班组中,推行民主管理、在有关企业和班组的重大问题上,与员工们协商解决、共同决策,也就相当重要。

对班组民主管理,我们常常会产生一些误解。

一是认为班组民主管理就是人人都要参与,每个人都参与就是民主了。这种理解看重民主的表面形式，而忽视了民主的实质内容。民主管理通过员工参与管理，使员工及时了解企业的目标、个人的任务，能够满足员工得到尊重与信任的需要。班组层面的民主管理一方面要执行企业特别的规定，一方面要立足本组实施多样化民主管理。例如，班组决策的参与制定或者提出修改意见，广开合理化建议渠道，对合理化建议有所行动，员工合理化建议一经采纳则给予相应的物质及精神奖励等。民主活动要有实际内容，真正让员工参与进来，并对参与意见给予合理的采纳，不要留给员工一种形式主义的印象。

二是认为班组的民主管理就是大家提意见和建议，并且对提出的意见和建议没有原则地实行，这也是对民主管理的误解。民主管理是要集思广益，让大伙儿献计献策；但由于不同员工的切身利益不同、观点立场各异、能力知识不同，提出的建议或许有些是可行的，而有些则不是可行的。在这种情况下，就必须对各种意见和建议进行分辨，只能实施正确的和可行的建议。同时，民主是要尊重民权、体现民意，但并不是没有原则的民主。对于那些打着民主的幌子为自己谋私利的员工，也绝不能顺水推舟，犯“泛民主”的错误。民主是有原则的，也就是要尊重大多数人的真实意愿，要符合班组的整体利益和企业的大局。班组长不能碍于一些因素将民主无原则地使用，否则将使民主一词在班组内失去影响力，以后难以发挥作用。

在班组中，实行民主管理，应主要从以下途径入手。

一是要培养民主意识，养成员工重视参与、敢于参与的态度，多提有益的正确的意见或建议，为班组发展献计献策；要坚决杜绝班组长的一言堂作风，大事小事由班组长一人说了算的管理方式，既不符合企业的利益要求，也不符合广大员工的利益诉求。

二是要加强班组中各种有效的管理制度的建设。民主管理不仅体现在行为方式上，也体现在完善的管理制度体系上。有了好的管理制度体系，员工的行为和企业生产就会有章可循，在重大问题上就不至于由班组长一人说了算。

三是要加强班组的民主文化建设。如重视班组会议的作用，重视员工组织的重要性,班组长要养成民主作风,开展一些形成民主风气的活动等。

四是要提高班组和员工的整体素质。只有班组员工的能力素质提高了,才能更好地参与管理,提出的各种方案才会更加可行,方可促进班组民主的发展。

总之,由于班组实行民主管理,班组员工对于参与班组管理的热情就会大大增加,就会激发出创造意识和创新能力,提出多种多样有益于班组发展的建议,这对班组和企业的长远发展都是相当有益的。

第八章

掌握沟通技巧，班组长互动交流拓展训练

1. 加强班组沟通，改善人际关系

沟通是人与人之间、人与群体之间思想与感情的传递和反馈的过程，以求思想达成一致和感情的通畅。

为什么要沟通？这个问题乍听起来，好像问别人“为什么要吃饭”或“为什么要睡觉”一样愚蠢。因为沟通对于人的生活和工作来说，就和吃饭和睡觉一样重要。日常的交流离不开沟通，解决思想矛盾离不开沟通，上下级之间的工作交往也离不开沟通——毫不夸张地说，只要有人存在的地方就存在着沟通。同时，良好的沟通对于团队协作、实现班组目标有无法替代的作用。概括地说，沟通的主要作用有两个。

(1)传递和获得信息。信息的采集、传送、整理、交换，无一不是沟通的过程。通过沟通，交换有意义、有价值的各种信息，生活中的大小事务才得以开展。掌握低成本的沟通技巧、了解如何有效地传递信息能提高办事效率，而积极地获得信息更会提高竞争优势。好的沟通者可以一直保持注意力，随时抓住内容重点，找出所需要的重要信息。他们能更透彻地了解信息的内容，拥有最佳的工作效率，并节省时间与精力，获得更高的生产力。

(2)改善人际关系。社会是由人们互相沟通所维持的关系组成的网，人们相互交流是因为需要同周围的社会环境相联系。沟通与人际关系两者相互促进、相互影响。有效的沟通可以赢得和谐的人际关系，而和谐的人际关系又使沟通更加顺畅。相反，人际关系不良会使沟通难以开展，而不恰当的沟通又会使人际关系变得更坏。

【拓展活动】 进球游戏

(1)游戏时间

5～10分钟。

(2)要求人数

不限。

(3)游戏道具(每个小组)

①1个大垃圾桶(用来接球)。

②40个网球(放在袋子或盒子里)。

(4)游戏概述

这个游戏说明了指令明确在协同工作中的作用。

(5)游戏目的

向队员们展示良好的沟通对于提升工作成绩的作用。

(6)详细步骤

①邀请一个志愿者，让他和你一起站在前面。

②让志愿者面向某一个方向站好，目视前方。不可以左顾右盼，更不能回头。然后，把装有40个网球的袋子交给他。

③把垃圾桶放在志愿者的身后，垃圾桶与志愿者间的距离约为10米。注意不要把垃圾桶放在志愿者的正后方，要让它略微向旁边偏出一些。

④告诉志愿者他的任务是向身后的垃圾桶里扔球，要至少扔进3个球才算成功。告诫志愿者不许回头看自己的球进了没有，落在了哪里。

⑤让其他队员指挥志愿者，告诉他如何调整投掷的力量和方向才能进球。注意，这里只允许通过语言传达指令。

⑥等志愿者扔进了3个球后(这可能会颇费周折)，问他“是什么帮助他实现了目标”，问其他队员是否也觉得很有成就感。

⑦引导队员就如何在工作中加强沟通展开讨论。

(7)讨论问题

①哪些因素帮助你实现了目标?

②哪些因素增加了实现目标的难度?

③负责指挥的队员是否感觉好像自己进了球一样?

④如何才能更快更好地实现目标?

⑤这个游戏揭示了什么道理?

⑥如何将这个游戏和我们的实际工作联系起来?

(8)安全

注意不要被乱飞的球砸到。

(9)变通

可以蒙上志愿者的眼睛,而且不让他正好背对着垃圾桶,这样,其他队员必须先指挥志愿者调整方向,直到基本上背对着垃圾桶,然后志愿者才能开始投球。这种做法可以增加游戏的难度和趣味性。

上述拓展活动说明了沟通在团队活动中的重要性,它要求团队成员在完成团队任务时要加强沟通,并讲究沟通的方法。

沟通要讲究方法,同时,不同的问题和不同的情境也要采用不同的沟通方法。譬如,解决思想问题时,宜采用单独的面对面沟通,态度要和蔼、感情要真挚;而在解决工作上的问题时,则要实事求是,不文过饰非,等等。

沟通是人与人之间通过一定的方式传递思想、交流观点或交换信息,并彼此达成共识的过程。沟通和交流就如人体血液循环,是组织活力的来源,也是班组成员的黏合剂和润滑剂。没有沟通,组织就会死亡,班组也就无法生存。班组的基层性决定了沟通和交流的经常性、普遍性和平等性。沟通,靠的是诚信、毅力,也要靠说话技巧。

就沟通的方式而言,主要有语言沟通和肢体语言沟通。其中语言沟通主要有口头以及书面语言、图片、各种现代媒介包括报纸、电视、电话、电子出版物和网络等形式,肢体语言主要有日常的动作、眼神或者表情等。相比较而言，语言会更适合沟通信息，是在大多数情况下使用的沟通方式；肢体更适合沟通思想或者感情，比较适用于关系亲密或同等级人之间的沟通。

在班组中，有时候会出现沟通不畅甚至无法直接沟通的情况，这是因为产生了沟通障碍。其产生原因主要有以下几方面。

(1)知识经验方面的局限。信息发出者在发信息之前，需要把自己的思想转换成一定的信息编码，而这一转换完全是根据自己的知识经验来进行的。同时，信息接收者在接受信息时，也要根据自己的知识经验来进行破译编码。假如发出者和接受者之间存在知识经验范围的差异，就会造成信息沟通的障碍。

(2)表达的障碍。信息沟通需要借用语言和文字这些信号作为中介，当信息发出者存在口齿不清、书写模糊、表达不清楚等问题时，信息接收者便会很难理解他们的真实意图，进而造成了沟通的障碍。

(3)信息过多。信息量过多，会导致管理人员无法及时进行处理，信息便只好被搁浅，或者是被拖延来处理，这也会形成沟通的障碍。

(4)传递中的损失。在信息的传递过程当中，通常会因为传递人的理解以及偏好的不同，存在一些错传、漏传以至于造成信息失真的情况，这样也会出现沟通障碍。

(5)网络阻塞。班组的结构往往决定班组中信息传递的途径，各种信息传递途径就形成了信息网络结构。当网络中的某一个结点出现问题时，就会产生网络阻塞，从而形成沟通障碍。要保持班组中的信息畅通，就要尽量排除这种网络阻塞。

(6)心理障碍。一方面，信息接收者对信息发出者持有不信任的态度，甚至有敌意或者是紧张、恐惧心理，就会拒绝接收相关的信息或者是歪曲信息的内容，另一方面，为了维护本部门或者个人的声誉、利益，只是报喜不报忧。

为了有效地排除沟通障碍，可采取的对策主要有：

(1)合理运用双向的沟通。在自上而下地传递了相关的信息之后，要及时地反馈信息接收的实际情况。如果出现信息传递、接受的失真，应该立即进行纠正。最好的方法是信息的发出者能够经常性地亲自到基层了解实际情况,和信息接收者进行当面的沟通、了解。

(2)表达尽可能地清楚完整。要明确传达信息的中心思想,保证自己的思维严谨,措辞恰当,尽可能地避免模棱两可的语句,当知识经验上有差异时,要适当地进行信息改编,使接收者能够充分、有效地理解,便于接收信息。

(3)控制信息发出量。面对大量的传递信息,就需要对信息的传递范围进行一定的控制,并且分出轻重缓急,合理地进行传递。

(4)选择合理的沟通网络。不同的网络结构具有不同的作用以及特征,要严格依据班组的目标、计划以及任务等具体情况来选择合适的沟通网络,这样才能够保障沟通网络顺畅,沟通有效可靠。

(5)真诚相待。沟通中要有十分的诚意,取得信息接收方的完全信任,要具有民主的优良作风,做到兼收并蓄、豁达宽容,常常深入基层调查实际情况,消除信息接收者存在的心理障碍,和他们建立良好的人际关系。

2. 做好与上级的沟通,保证上情下达

班组长在班组中有着多种角色:在班组员工面前他是管理者和领导者、指挥者;然而在企业领导面前,他又是下属,是被管理者。这种承上启下的角色,决定了班组长在与上级沟通、联系企业领导与班组员工之间,起着传达员和协调员的作用。班组长与上级沟通,主要是围绕企业生产而展开,如向上级领导请示命令、汇报工作等;但也不排除平时的交往沟

通、各种活动方面的沟通以及一些临时性的沟通。因此，班组长要掌握一定的方法和技巧，这样才能提高沟通的效果，达到沟通的目标。

(1)向领导请示汇报进行沟通时的方法。

①仔细聆听命令。用最简洁的方式明了领导的意图和工作的重点，弄清该命令的时间(When)、地点(Where)、执行者(Who)、为什么(Why)、需要做什么工作(What)、怎样做(How)、多少工作量(How many)在领导下完命令之后，立即将自己的记录进行整理。再次简明扼要地向领导复述一遍，看是否还有遗漏或者自己没有领会的地方，并请领导加以确认。

②与领导探讨目标的可行性。领导下命令之后，往往会关注下属对该问题的解决方案，希望下属能够对该问题有一个大致的思路，以便在宏观上把握工作的进度。所以，在接受命令之后，积极开动脑筋，对即将负责的工作有一个初步的认识。告诉领导初步解决方案，尤其是对于可能出现的困难要有充分的认识。对于在自己能力范围之外的困难，应该提请领导协调别的部门加以解决。

③拟定详细的工作计划。尽快拟定一份工作计划，交与领导审批。拟定计划时要详细阐述行动方案与步骤。尤其是对工作时间进度要给予明确的时间表，以便领导进行监控。同时写一份关于行动的计划书。

④工作进行中随时向领导汇报。应该留意自己的工作进度是否和计划书一致，无论是提前还是延迟了工期，都应该向领导汇报，让领导知道你现在在干什么，取得什么成效，并且及时听取领导的意见和建议。

⑤工作完成之后及时汇报总结。总结成功的经验和其中的不足之处，以便在下一次的工作中改进提高。同时不要忘记在总结中提及领导的正确指导和下属的辛勤工作。不要忽视请示和汇报的作用，因为它是和领导进行沟通的主要渠道。班组长应该把每一次请示汇报工作都做得完美无缺。

(2)班组长与领导有效沟通的方法和技巧。

①尊重而不吹捧。充分尊重领导，在各方面维护领导权威。支持领导的工作，主动出面，勇于承担责任。

②请示而不依赖。不要事事请示,该请示汇报的必须请示汇报,但决不依赖等待。

③主动而不越权。积极主动,敢于直言,善于提出自己的意见,不能唯唯诺诺、四平八稳。

④选择恰当的提议时机。当领导心情不好时,无论多么好的建议,都难以细心静听,因此要选择领导时间充分、心情舒畅的时候,提出改进方案。资讯及数据都要极具说服力,在提出建议前,要事先收集整理好有关数据和资料,做成书面材料,借助视觉就会加强说服力。

⑤要学会理解领导的意图。包括对工作方针的执行意图、上司对部下的期待、上司的好恶及对问题的看法、上司的难处及提供适当的表现机会。

⑥在与领导相处时,要亲密有度,留好第一印象,讲究礼貌;多谈论领导感兴趣的问题,不要自负,多做实事,少露锋芒;忌直来直去,并保持一定距离。

班组长要特别重视与上级之间的沟通,将上级的工作要求和作业计划等及时准确地传达到班组,在上级领导和班组员工之间搭建起沟通的桥梁,以更好地进行管理,完成企业的生产任务,实现企业的发展目标。

3.

重视组内沟通,建设和谐班组

在班组内部需要沟通的情况主要有以下几方面:一是日常的工作交流,包括员工同班组长之间的工作关系以及员工之间的工作关系;二是员工之间以及员工与班组长之间发生矛盾,出现思想问题时需要沟通;三是为了更好地建立班组之间和谐的人际关系而有意识地进行各种沟通活动。

但是沟通并非日常的闲聊或毫无目的地进行的，它必须讲究一定的方法和技巧，要遵循沟通的一些基本要求，否则就会形成沟通障碍。下面的拓展活动有助于培养这方面的技巧。

【拓展活动】 苹果与凤梨

(1)形式

8人一组。

(2)时间

40分钟。

(3)材料

写有说明的卡片。

(4)场地

室内。

(5)应用

①培训者和学员的沟通。

②建立学习者的主动性。

③增强学习者的分析能力。

(6)游戏说明

①全体学员围成一圈。

②训练师先和相邻的人进行演示。训练师：这是苹果。相邻的人回答：什么？训练师：苹果。相邻的人回答：谢谢！

③回答完这一对话程序，由相邻的人（甲）开始问他的下一个同伴（乙）相同的问题：甲：这是苹果。乙：什么？甲（对训练师说）：什么？训练师：苹果。甲：苹果。乙：谢谢！

④将此对话一直持续下去，最终传到训练师；同时训练师向另一个方向相邻的人传递凤梨，这样两句话就朝相反的方向进行传递。

⑤注意事项:第一,培训师要密切注意对话的流向,特别是苹果和凤梨的走向;第二,这是一个非常有趣和复杂的游戏,训练师应该提醒对话过程中回答的规律,要求参加培训的人员要有特别高的注意力和反应能力;第三,可作为晚会游戏或者暖场游戏。对于回答错误的学员,可以适当做些惩罚。

(7)找错误

帮助学员检验所学知识的培训游戏。利用知识和经验辨别生活和工作中的假象和阻碍因素并将它们排除具有重大意义。这个培训游戏可以让学员体验依靠自己和大家的智慧解决问题的乐趣,同时可以巩固培训教授的知识。

(8)培训游戏规则与程序

①将学员分成几个小组,最好不要让他们自由组合,由培训者指定能为他们创造一个新的环境,以训练他们的沟通合作能力。

②发给每个小组一张卡片,上面写有三条有关项目的说明。告诉他们,每组的三条说明中都有一条是错误的,每组的目的就是通过讨论辨别出它来。

(9)相关讨论

①培训者可在旁观察,记下每组的分析思路和方法,帮助各组分析他们的方法是否正确。

②各小组在多大程度上运用了在本次培训中学到的知识?

(10)总结

①此游戏可作为一个检验手段,看一看学员知识掌握得如何。培训者可以根据各小组的表现,给优秀的小组一些小奖励以示鼓励。

②每个人在游戏中的表现也值得留意。有的人明明掌握的知识不少,却在与别人讨论时不能坚持己见,过于“与人合作”。还有的人知识不多却能举一反三,尽全力应付难题。培训者应留意观察,必要时作一下指点和总结,帮助他们发现自己的漏洞。

③要让学员们适应这种开放性的学习过程，提醒他们总结经验，并实践在工作中。

这则拓展游戏说明：在沟通时要语言流畅，准确把握沟通的主题和内容；要选择理想的沟通方式和沟通路径，要提高对沟通内容的注意力，具备迅速的反应能力，并避免不必要的错误。

一般而言，班组长与员工之间就工作关系进行沟通时，常常要遵循以下一些原则或方法：

(1)员工要认真执行命令，尽量做到仔细聆听、询问、响应。

(2)员工要尽职尽责，班组长的工作要予以支持，对于其弱处尤其要予以支持。

(3)班组长要认真了解员工情况，做好工作记录，同时要严格地进行自我管理。

(4)员工要理解自己的上司，勇于挑重担，提出合理建议。

(5)员工要向班组长提供有效信息，及时反馈问题、汇报工作、沟通信息。

(6)班组长要关心爱护员工，真诚相待，及时帮助员工解决工作中遇到的各种困难。

(7)班组长要重视工作现场的指导，帮助员工解决各种技术问题。

当员工在工作中产生抵触情绪或是消极思想，班组长要及时解决员工的思想问题，加强思想和情感上的沟通。采用的沟通方式一般有以下几点：如谈话，进行思想教育，榜样示范，典型观摩活动，观看先进人物、先进班组的相关纪录片以提高员工的思想水平等。

为了创建和谐班组，建立更加和谐的班组关系，采用的方式方法就更多了，如班组中的各种活动、技能竞赛、走访家属、排忧解难、节日慰问等，都有助于加强班组人际沟通，缓解人际矛盾，增强员工对于班组的归属感和对所在工作集体的满意度。

班组长在与班组员工有效沟通时，也要掌握一些技巧，这些技巧主要包括：①让员工对沟通行为及时做出反馈。②对不同的人使用不同的语言。③积极倾听员工的发言。④注意恰当地使用肢体语言。⑤注意保持理性,避免情绪化行为。⑥面对面地沟通。

可见,如果在沟通时掌握了较好的技巧,班组长的工作就会很好地开展;相反,如果不掌握必要的技巧,那么班组长的工作就不会得到员工的支持,甚至会阻碍工作的开展。因此,沟通技巧对于班组长而言是很重要的。

在沟通和聆听时又要注意以下方法:①主动性——主动进行沟通。②进行目光接触——在聊天时看着对方,以表示自己在认真地倾听。③表现出感兴趣——在下级提出某些建议时,不要心下在焉。④避免分神行为。⑤表现关注——当对方陈述某件事情时,要有一定的反馈。⑥把握整体——当对方说得已经离题时,应该想办法把对方的话题"拽"回来。⑦提问——提问不仅表示你在听,而且还表示你在思索。⑧解释——适当地解释,但要看场合,如果对方情绪非常大时,有些解释是徒劳的,应该让对方宣泄。⑨尊重对方——倾听时尽量少插嘴。⑩整合所讲的内容——当对方讲了一段时间后,你可以把对方的意见做一个整理:"我理解你的意见是不是主要是这几个方面。"⑪学会倾听——人为什么长了两只耳朵一张嘴?就是让人少说多听。⑫纠正你的偏见——不要让你的偏见扭曲了信息。⑬思路清晰——转换话题要巧妙自然。⑭学点幽默——如果交谈的气氛比较拘谨严肃,大家都放不开,可以适当地用几句玩笑调节一下气氛。

班组内员工之间在工作当中、在日常的生活中和平时的班组活动中,也常常要进行某些沟通。班组员工进行工作沟通是以平行沟通的形式,是以互通有无、争取配合为主要目的,并且在企业内部进行,不同于公关、不同于谈判,因此应该直截了当、简明扼要。此时的沟通要注意以下要求:

(1)沟通的目的要从工作出发。如果员工之间需要相互沟通,一定是自己感到对方对正在进行的工作重视不够,或是对上级的安排理解不透,妨碍了工作顺利进行。如果认为只要和对方进行一次沟通就能解决问题,应该首先选择互相沟通,以求得问题迅速、圆满地解决;沟通失败,才考虑报告上级。因此，沟通一定要着眼于工作。二人因工作产生误会而沟通也是为了工作。

(2)沟通要遵循制度和流程。你正在进行的工作遇到了阻碍，问题出在哪个环节，谁是这个环节的负责人，企业的制度或流程一定是有规定的。我们必须遵循各司其职、各负其责的原则开展工作。如果你找一个不相干的人进行沟通，一是对方会认为你无事找事，二是你的目的根本达不到。

(3)沟通时要开门见山。找准了沟通对象，首先征询对方是否有空。如果人家手中正忙于一个上司交办的紧急工作，或正在思考一个创意方案，你贸然打断别人，会让对方感到突兀。一旦确定对方时间上方便，你就可以直截了当地提出自己的沟通议题、自己的期盼，然后等候对方回应。如果废话连篇，浪费自己的时间不说，也给对方一个不好的印象。

(4)征询对方意见。既然找对方沟通，一定是觉得对方在解决问题上举足轻重，那就必须虚心听取对方的意见，了解对方对沟通的工作不配合的原因或存在的困难，或者是对方有了更好的完成任务的创意，正等着你来商议。内部工作沟通不必转弯抹角，但必须尊重他人。听取对方意见时，不宜随意打断对方，以免分散对方注意，影响对方表达。同时要注意，如果你是工作上的佼佼者，更不可盛气凌人，一定要低姿态。

(5)提出个人建议。待对方陈述个人意见之后，你如果觉得对方言之有理，除了完全接受之外，别忘了表示感谢。沟通目的达到，工作可以继续进行。如果对方提出的建议，在你看来只有部分可取，那也是一个不错的开端。即便对方的建议在你看来没有一条可行，这也不可怕，你陈述自己的理由就是了。

(6)听取对方反馈。在你提出与对方不同意见之后，你要特别强调指出："看看在我提议的基础上你有什么补充?"一是让对方把思路调整到你的建议上来，二是在情感上表达对对方的尊重，让对方转变观念、接受你的建议有心理准备。所以对方的反馈必须耐心听取。

(7)双方求同存异。由于所处的位置不同、个人经历经验不同，同事间在工作方式上存在不同态度、不同观点是再正常不过的事情，第一，不必大惊小怪,第二,换个角度从对方的立场上考虑,也许你也会有改变。在这一点上主张求同存异,只要工作能够正常进行就可以了。不一定是一方说服另一方,或者是完全迁就对方,以保一团和气,这都是不可取的态度和行为。

(8)问题解决为宜,否则报告上级。是不是所有的沟通都能圆满解决?显然不是。碰到本位主义严重的,很简单的问题都可能被复杂化。万一碰到脑筋不转弯的、以自我为中心的人,沟通不畅的时候,除了保持冷静之外,你必须立即报告你俩共同的上级,由他来协调。注意,企业内部有分歧很正常,没有分歧才不正常,此其一;其二,那些不合作、不配合他人的个人英雄只有两条路可选择:要么他改变,要么他走人。

班组员工之间进行沟通时,需要讲究以下技巧:①要有自信的态度;②体谅他人的行为;③适当地提示对方;④有效地直接告诉对方;⑤善用询问与倾听。

4.重视外部沟通,塑造班组形象

在班组中,班组长除了要注意上行沟通和平行沟通两种沟通类型之外,同时也要重视班组的外部沟通。班组的外部沟通可以近似地等同于班组的外部公共关系建设。

一个组织的外部沟通方式,也就是该组织的公共关系。公共关系首先是一种状态。因为在社会中,一个组织无论是否意识到公共关系,是否从事公共关系活动,它总是与其他组织或个人存在着一定的联系。从这个意义上说,任何组织均处于一个或良好、或平衡、或紧张的公共关系状态之中。这是不以人们的意志为转移的客观存在，当组织没有明确意识到这种状态存在，没有自觉地为改善公共关系而展开活动时，它们所形成的是自发的公共关系状态，这样的组织通常难以利用所谓的关系资源。相反，一个组织若意识到这种状态的存在并自觉地进行改善公共关系状态的活动，其所形成的则是自觉的公共关系状态，而此时组织的关系资源就得到了拓展。

公共关系也是一种活动，当组织意识到自己的公共关系存在时，并认识到这种状态及状态的改善对组织的生存与发展相当重要时，就会采取各种措施，有目的地改善组织与外部诸方面的关系，在这些措施中与外部诸方进行有效的沟通可以说是最重要的措施，或者可以说组织公共关系的改善主要依赖于组织与外部各方保持良好的信息沟通。事实上，没有信息沟通也就没有所谓的关系。公共关系改进的活动，诸如聚会、会议、共同游览、文娱活动、文件变换、高层个人接触等，实际仍是通过这些活动增进沟通，保持友谊。

组织的外部沟通即维持一个组织良好公共关系的对象。具体来说，主要有:政府部门、社会团体、社会名流、工商企业;一般民众、新闻媒体等。这些对象由于各自的组织特性不同，它们与本组织沟通的方式与渠道等均不一样，与它们保持良好的关系也有不同的要求，例如与政府部门保持良好的关系和与工商企业保持良好的关系是不一样的，与新闻媒体则更不一样。许多组织意识到这一点，特别设立专门的部门来管理此类事务，这种专门的部门就叫作“公关部”。

相对于企业与外界沟通而言，班组的外部沟通从内容到对象都要简单得多，但基本原理却是一样的。班组的外部沟通最主要的对象应该包括政府及相应的管理部门、客户、社区、协作者、竞争者和股东等。与不同的对象进行沟通时其目的也是不同的，因而沟通方式也是不一样的。

(1)政府职能部门沟通。作为企业与政府部门沟通的窗口，班组长与相关人员应以热诚的态度与政府部门建立起真诚信任的关系，端正自己的位置，灵活处理。

(2)合作伙伴沟通。要注意多方了解与业务相关的事务，以做到准确理解对方的意图，帮助进行有效的沟通与传达，但在处理事务时注意以企业利益为重。

(3)在沟通中要注重礼尚往来。节日礼品、贺卡等，在重要的节日，如新年、春节或重要合作伙伴(客户)的企业或公司纪念日等，应在征求相关领导意见之后，以礼品或贺信及时致意，维护与合作伙伴的友好关系。在业务合作中，要适时地与合作伙伴进行定期的沟通活动，与合作伙伴建立经常性的沟通，以促进彼此的了解与进一步的合作。

(4)应不断重视与媒体部门的交流。现代企业在今天要不断加大和重视媒体的力量。企业资讯部门应定期向各类媒体发布多种信息，包括产品信息、管理创新信息、企业文化活动、企业重大节日、企业发展中的疑难问题等。这些信息要让媒体了解，不断引起媒体的关注，并配合媒体采访做好企业的对外舆论服务工作。同时，企业资讯部门要对媒体资源做到妥善管理，及时跟踪。要采用多种形式经常性地和媒体进行交流，寻求媒体对企业的关注、支持和理解，与媒体保持良好的关系。

(5) 企业在发展中应密切联系社会，关注民生。企业除了不断开发推出优质价廉的产品之外，还要尽量多与社会各个方面进行交流，把企业的营销活动搞活搞好，做得要有声色，在社会上引起轰动。比如除固定节假日之外，要寻找各种机会，不断推出各种名目的促销活动，抓住中国传统节日和西方重大节日时机，进行感恩答谢。对社会上组织的各种有意义的公益活动应积极参加，采用不同的方式介入进来，处处体现企业的声音，其目的就是抓住一切机会多与社会深入接触，融入其中，在活动中倾听外部对企业的意见和建议，促进社会公众与企业之间的相互了解和认识，于无形中提升企业自身的形象和品牌影响。

另外，企业要积极参与有意义的捐赠活动。比如国家遇到自然灾害、贫困群体和一些公益性事业等，大企业要有计划地实施捐赠救助，行使企业的社会公民的责任和义务。目前，公众对企业的社会责任都比较看重。尤其是在国家遇到重大自然灾害时，人们往往看大企业捐了多少善款，用其数额来衡量企业对社会行使的责任有多大。这从一定程度上说是有一定道理的，但并非全部。企业行使对社会的责任和贡献的形式是多种多样的。公众应全面客观地看待企业，把企业放到一个相对较长的时间内就其社会责任和义务做综合性的分析，以判别企业对社会的贡献值，并以此评判企业的社会价值、形象和品牌，与公众之间建立起更加信赖的关系，同时保证相关公众(客户)对企业的忠诚度。

5. 掌握沟通方法，提高沟通效率

在不同类型的沟通中，除了要掌握在上述各节中提到的各种方法外，在各种形式的沟通中也要注意沟通内容与沟通态度等方面的要求。就其重要的方面而言，应该着重注意以下要求。

(1)要有自信的态度。自信者有自己的想法与作风，但却很少对别人吼叫、谩骂，甚至连争辩都极为罕见，这种理性、冷静的态度是在沟通过程中所需要的。他们对自己相当了解，并且肯定自己，他们的共同点是自信，自信的人常常是最会沟通的人。

(2)要体谅他人的行为。这其中包含“体谅对方”与“表达自我”两方面。所谓体谅，是指设身处地地为别人着想，并且体会对方的感受与需要。在经营“人”的事业过程中，当想对他人表示体谅与关心，唯有自己设身处地为对方着想。由于了解与尊重，对方也相对体谅你的立场与好意，因而做出积极而合适的回应。

(3)要适当地提示对方。产生矛盾与误会的原因，如果出自于对方的健忘，提示正可使对方信守承诺；反之，若是对方有意食言，提示就代表希望对方信守诺言。

(4)要有效地直接告诉对方。一位知名的谈判专家分享他成功的谈判经验时说道：“我在各个国际商谈场合中，时常会以‘我觉得’(说出自己的感受)、‘我希望’(说出自己的要求或期望)为开端，结果常会令人极为满意。”其实，这种行为就是直言不讳地告诉对方我们的要求与感受，若能有效地直接告诉你所想要表达的对象，将会有效地帮助我们建立良好的人际网络。但要切记“三不谈”：时间不恰当不谈，气氛不恰当不谈，对象不恰当不谈。

(5)要善用询问与倾听。询问与倾听的行为，是用来控制自己，让自己不要为了维护权力而侵犯他人。尤其是在对方行为退缩，默不作声或欲言又止的时候，可用询问行为引出对方真正的想法，了解对方的立场以及对方的需求、愿望、意见与感受，并且运用积极倾听的方式，来诱导对方发表意见，进而对自己产生好感。一位优秀的沟通好手，绝对善于询问以及积极倾听他人的意见与感受。倾听能鼓励他人倾吐他们的状况与问题，而这种方法能协助他们找出解决问题的方法。倾听技巧是有效影响力的关键，而它需要相当的耐心与全神贯注。倾听技巧由四个个体技巧所组成，分别是鼓励、询问、反应与复述。

(6)要紧扣主题。在沟通时特别是进行工作沟通时，要紧紧围绕工作内容和相关话题进行，不能东拉西扯、没有重点，结果说了半天什么也没说明白，白白浪费时间。沟通双方应就工作主题广泛、真诚地交换意见，提出各自的看法，以切实有效地解决问题。因此，在沟通中要使用推动的技巧，使沟通得以进行。推动技巧是用来影响他人的行为，使之逐渐符合我们的议题。有效地运用推动技巧的关键在于以明白具体的积极态度，让对方在毫无怀疑的情况下接受你的意见，并觉得受到激励，想完成工作。推动技巧由四个个体技巧所组成，分别是回馈、提议、推论与增强。

(7)保持沟通气氛。在沟通中还要充分保持沟通双方的气氛。因为如果没有一个好的气氛，沟通者在一种充满紧张与矛盾的环境中进行，沟通的效果就没法保证。因此，和谐的气氛，能使对方更愿意沟通，如果沟通双方彼此猜忌、批评或恶意中伤，将使气氛紧张、冲突，加速彼此心理设防，使沟通中断或无效。气氛控制技巧由四个个体技巧所组成，分别是联合、参与、依赖与觉察。

一个人的成功，20%靠专业知识，40%靠人际关系，另外40%需要观察力的帮助，因此为了提升个人的竞争力，获得成功，就必须不断地运用有效的沟通方式和技巧，随时有效地与“人”接触沟通，只有这样，才有可能使你事业成功。

第九章

运用激励机制，班组长激励艺术拓展训练

1.

重视员工激励，促进班组发展

员工激励是企业管理的一项重要内容，重视员工激励能为班组带来意想不到的效果。如何行之有效地进行员工激励，是每一位班组长应该经常思考和面对的问题，其中最简单最直接的方式当属激励培训游戏了。对员工的激励是在平时的点点滴滴中产生的，而在各种培训游戏中，激励培训游戏是涉及面最广的。激励游戏的目的就是让学员从中得到启示，增强面对挫折的勇气。

【拓展活动】 坦然面对

(1)培训游戏规则和程序

①将培训学员分成几个小组，每组 5～10 人。

②让学员们即席想一想，假如这时在你面前出现一个炸弹，你会怎么反应。让学员尽可能多地提出一些他们的反应，把这些话写在题板纸上。

③然后教学员“小丑鞠躬”的反应，当其他方法失败时，小丑鞠躬意味着面对观众，正视自己的失误，谦虚地说：“谢谢你们，非常感谢你们。”

④鼓励学员试一试小丑鞠躬效应的几个变形。比如，他们可以用深情的口气说，可以像主持人一样热情地说，也可以像一个演讲者一样慷慨激昂地说，无论采用什么形式，只要你喜欢。

培训者应该鼓励学员探寻自己的风格。

⑤然后把奇形怪状的物品拿给学员看，告诉他们，他们的任务就是尽可能多地说出这些物品的用途。

⑥让小组做好准备，跑到放东西的地方捡起一件物品，说出它们的名字，再尽可能多地说出几样用途。然后跑回队伍中，再派下一个人去。以此类推。

(2)相关讨论

①在接下来的日子里，你是否会犯一些小错？如果回答是肯定的，那么请试着运用游戏中的技巧，看看别人会有什么反应？

②人生中总是会有许多的风风雨雨，怎样克服全看一个人的意志和态度。

(3)总结

①这个游戏的挑战性在于，它为学员设计了无数的场景，激发他们的想象力和表演技巧，鼓励他们摸索出自己的风格。只有这样，他们才可能真正学到其中的精髓，将这种精神吸收为自己的。另一个挑战是，面对稀奇古怪的东西不仅要说出它们的名字，还要说出用途。这不仅考察一个人的人生经验，还考察他的反应力。

②化解尴尬的方法有很多。除了这种坦然面对外，还可以运用一些幽默手段，不仅可以化解尴尬，还能体现出你的智慧。幽默感可以使这个游戏更加有趣，学员会更乐于玩这个游戏。

(4)要求

参与人数：一组5～10人。

时间：15分钟。

道具：几个形状怪异的物品，如镊子、挂钩等，题板纸。

场地：开阔的教室或室外。

(5)应用

①管理技巧；②创造性地解决问题；③有效地激励。

所谓激励,就是组织通过设计适当的外部奖酬形式和工作环境,以一定的行为规范和惩罚性措施,借助信息沟通,来激发、引导、保持和归化组织成员的行为,以有效地实现组织及其成员个人目标的系统活动。由于班组员工从事的是一线的生产作业工作,有时候,生产任务繁重、工作枯燥乏味,员工往往对工作失去兴趣和动力,这时候,班组长就必须对员工进行有效的激励,才能保证员工的积极性。同时,员工有各种各样的需求,当生理上和物质上的需求满足之后,就会转向更高层次的需要,如尊重、荣誉、自我实现等需要。为了更好地满足员工的这些需要,班组长也必须懂得使用适当的激励方法。班组长只有重视对员工的激励,采用积极正确的激励方法,才能更好地促进班组发展。

同时,激励在班组绩效管理中也具有重要作用。绩效包括业绩和效用两个方面,这里的效用也包括经济效益:员工为企业创造了经济价值,也应该根据其付出获得一定的经济回报。否则,员工的积极性就得不到很好的保护,其创造的价值对员工而言效用就很低,也会影响员工对未来的期望,降低员工的工作积极性。所以必要的激励方可保证员工的工作积极性。

从激励的内容看,主要有如下几点:

(1)激励首先要满足组织成员的各种需要,通过系统的设计以外部奖酬形式和良好的工作环境,满足企业员工的各种需要,包括外在性需要和内在性需要。

(2)激励包括正激励和负激励,要做到奖励和惩罚并举,既要对员工表现出来的符合企业期望的行为进行奖励,又要对不符合企业期望的行为进行惩罚。

(3)激励贯穿于企业员工工作的全过程,包括对员工个人需要的了解、个性的把握、行为过程的控制和行为结果的评价等。因此,激励工作需要耐心。

(4)在激励过程中自始至终都要加强信息沟通,从对激励制度的宣传、对企业员工个人的了解,到对员工行为过程的控制和对员工行为结果所进行的评价等,都依赖于一定的信息沟通。企业组织中信息沟通是否通畅，是否及时、准确、全面，直接影响着激励制度的运用效果和激励工作的成本。

(5)激励的最终目的是在实现组织预期目标的同时，也能让组织成员实现其个人目标，即达到组织目标和员工个人目标在客观上的统一。

2．建立激励机制，做到赏罚分明

在班组的激励管理中，仅懂得激励的内涵和意义是不够的，要想更有效地激发员工工作的积极性，还必须建立相应的激励机制，做到奖惩公正、赏罚分明。

激励机制(Motivate Mechanism)，也称激励制度(Motivation System)，就是指通过一套理性化的制度来反映激励主体与激励客体相互作用的方式。激励机制的内涵就是构成这套制度的要素。或者说，“激励机制”是在组织系统中，激励主体系统运用多种激励手段并使之规范化和相对固定化，而与激励客体相互作用、相互制约的结构、方式、关系及演变规律的总和。激励机制是企业将远大理想转化为具体事实的连接手段。

根据激励的定义，激励机制包含以下几个方面的内容。

(1)要集合各种诱导性因素。诱导因素就是用于调动员工积极性的各种奖酬资源。对诱导因素的提取，必须建立在对员工个人需要进行调查、分析和预测的基础之上，然后根据班组所拥有的奖酬资源情况设计出各种奖酬形式，包括各种外在性奖酬和内在性奖酬(通过工作设计来达到)。

(2)建立行为导向制度。行为导向制度是组织对其成员所期望的努力方向、行为方式和应遵循的价值观的规定。在组织中,由诱导因素诱发的个体行为可能会朝向各个方向,即不一定都是指向组织目标的。同时,个人的价值观也不一定与组织的价值观相一致,这就要求组织在员工中间培养一种能起主导作用的主导价值观。行为导向一般强调全局观念、长远观念和集体观念,这些观念都是为实现组织的各种目标服务的。在激励中,要对员工进行必要的引导,鼓励积极因素,抑制消极因素,并通过一些适当的方式和手段使消极因素转化为积极因素。

【拓展活动】 打击团队之魔鬼

(1)要求

①参与人数:集体参与。

②时间:30 分钟。

③场地:空地。

④道具:魔鬼信函,魔鬼面具。

⑤应用:及时发现影响团队进步的负面情绪;激励参与者。

(2)拓展目的

本游戏可以帮助找出不利于团队发展的诸多不利因素,通过必要的激励机制的建立,打击团队中有妨碍团队协作的心理和行为表现的“魔鬼”,从而使学员不误入团队的陷阱,引导队员的心理和行为向正确的方向转变。

(3)游戏规则和程序

①选择×位成员扮演魔鬼(根据学员人数确定),并戴上魔鬼面具,在面具里藏一封或几封培训师准备好的关于团队的魔鬼信函。

②魔鬼在成员中出没(来回走动),尽量抓住其中 1/×的成员,使全体成员分成×组。

③小组成员去摘下魔鬼面具,取出魔鬼信函。

④各小组成员分别将魔鬼信函所示情境分析解剖。

⑤小组成员说明魔鬼信函的内容，并共同将团队中的非理性想法改成团队中的理性想法。

⑥各小组将魔鬼信函的解析与转换，与全体学员分享，成员是否了解什么是团队中非理性的想法及其影响。

(4)相关讨论

①这个游戏给你什么样的感受？

②团队成员常有的非理性想法有哪些？(理性想法)隐含的公式是什么？

(5)总结

①在一个团队中，不可能总是存在着正面情绪的影响，总是会有一些灰色消极的因素影响其中的某些人，进而影响整个团队的效率。如何找出这些魔鬼，然后将其消灭？本游戏也许可以提供一些可行性的方法。

②对于一个团队的主管来说，应该随时对自己的下属保持足够的关注，一旦有人出现负面情绪就要有所察觉，以便及时进行处理，尽可能地激励他们重新恢复到积极自信、创造力非凡的境地。

附件：魔鬼信函，魔鬼信函解析表。

例一：魔鬼信函1

我希望我的人际关系很好，我很想得到别人的喜爱，我应该得到每个人的喜爱和赞美。但昨天总经理说我的桌子太乱，我觉得一切都白费了，我根本就不受重视，他一定不喜欢我。

解析与转换：

A. 昨天，总经理说我桌子太乱

B. 我应该得到每个人的喜爱和赞美

C. 我不受到重视，我觉得好失望(自卑的)

D. 一切努力都白费了(没有信心)

E. 他一定不喜欢我，我没有价值(否定自己)

F. 我喜欢得到每个人的喜爱和赞美(理性的想法)

G. 我能有时得到别人的喜爱和赞美,当……(以事实为基础)

H. 有时我无法得到别人的喜爱和赞美(防止情绪困扰产生)

例二:魔鬼信函 2

我是一个主管。我必须很能干、很完美,并且在各个方面都有很好的成就。可是,上一次开会的时候,我太累了,作结论时,我讲错了一句话,他们在底下嘲笑我。唉!身为主管竟然犯下这样的错误,真是太丢脸、太失身份了。讲话都讲不好的人,一定不会得到尊重,我真没用。

解析与转换:

A. 上次,作结论时我说错了一句话

B. 我必须很能干、很完美、永远不犯错误

C. 太丢脸了,太失身份了,我觉得很懊恼

D. 我希望我能表现得很好,做个称职的主管(合理的公式)

E. 若是时间充裕、准备周详、精神饱满、信心十足,我可能表现得令自己满意

F. 一次行为不能代表我整个人(以事实为基础)

G. 不一定每个人都在嘲笑我(防止情绪困扰)

魔鬼信函解析与转换表:

情境事件是什么?

对此事件的想法是什么?有哪些非理性的想法?

所引起的情绪结果是什么?

理性的想法是什么?

激励的一个重要作用就是要使被激励者放弃负面的情绪,变得更积极、更充满信心和干劲。在拓展游戏中,队员因为自己的行为偶然出错,或是受到了负激励,便出现负面的情绪,对自己的能力和行为便产生怀疑,进而自怨自艾、丧失信心,会对工作产生消极影响。因此,在班组激励

中，班组长要尽可能地运用正激励、少用负激励，注意激励和导向，要多引导转化，而不要急于下结论，防止对员工心理和情绪造成打击。这也是在建立行为导向制度时需要注意的一个方面。

(3)建立行为幅度制度。它是指对由诱导因素所激发的行为在强度方面的控制规则。根据相关理论，对个人行为幅度的控制是通过改变一定的奖酬与一定的绩效之间的关联性以及奖酬本身的价值来实现的；或是按固定的比率和变化的比率来确定奖酬与绩效之间的关联性，会对员工行为带来不同的影响。前者会带来迅速的、非常高而且稳定的绩效，并呈现中等速度的行为消退趋势；后者将带来非常高的绩效，并呈现非常慢的行为消退趋势。通过行为幅度制度，可以将个人的努力水平调整在一定范围之内，以防止一定奖酬对员工的激励效率的快速下降。

(4)建立行为时空制度。它是指奖酬制度在时间和空间方面的规定。这方面的规定包括特定的外在性奖酬和特定的绩效相关联的时间限制，员工与一定的工作相结合的时间限制，以及有效行为的空间范围。这样的规定可以防止员工的短期行为和地理无限性，从而使所期望的行为具有一定的持续性，并在一定的时期和空间范围内发生。

(5)建立行为归化制度。行为归化是指对成员进行组织同化和对违反行为规范或达不到要求的处罚和教育，它包括对新成员在人生观、价值观、工作态度、合乎规范的行为方式、工作关系、特定的工作机能等方面的教育，使他们成为符合组织风格和习惯的成员，从而具有一个合格的成员身份。

以上五个方面的制度和规定都是激励机制的构成要素。其中诱导因素起到发动行为的作用，后四者起导向、规范和制约行为的作用。一个健全的激励机制应是完整地包括以上五个方面的制度。只有这样，各种激励工作才能进入良性的运行状态。

3. 遵守激励原则,有效实施激励

上述各种激励方法是在激励时常采用的,若能综合运用,就能更好地激发员工的工作热情,促使他们更加积极、努力地工作。同时,要做到综合运用上述激励方法,就必须注意以下原则:

(1)物质激励与精神激励相结合。虽然二者的目标是一致的,但是它们的作用对象却是不同的。前者作用于人的生理方面,是对人物质需要的满足,后者作用于人的心理方面,是对人精神需要的满足。随着人们物质生活水平的不断提高,人们对精神与情感的需求越来越迫切。比如期望得到爱、得到尊重、得到认可、得到赞美、得到理解等。

(2)正激励与负激励相结合。所谓正激励,就是当一个人的行为符合组织的需要时,通过奖赏的方式来鼓励这种行为,以达到持续和发扬这种行为的目的。所谓负激励,就是当一个人的行为不符合组织的需要时,通过制裁的方式来抑制这种行为,以达到减少或消除这种行为的目的。

正激励与负激励作为激励的两种不同类型,目的都是要对人的行为进行强化,不同之处在于二者的取向相反。正激励起正强化的作用,是对行为的肯定;负激励起负强化的作用,是对行为的否定。

(3)内激励与外激励相结合。所谓内激励,是指由内酬引发的、源自于工作人员内心的激励;所谓外激励,是指由外酬引发的、与工作任务本身无直接关系的激励。

——内酬是指工作任务本身的刺激,即在工作进行过程中所获得的满足感,它与工作任务是同步的。追求成长、锻炼自己、获得认可、自我实现、乐在其中等内酬所引发的内激励,会产生一种持久性的作用。

——外酬是指工作任务完成之后或在工作场所以外所获得的满足

感，它与工作任务不是同步的。如果一项又脏又累、谁都不愿干的工作有一个人干了，那可能是因为完成这项任务，将会得到一定的外酬——奖金及其他额外补贴，一旦外酬消失，他的积极性可能就不存在了。所以，由外酬引发的外激励是难以持久的。

此外，激励还有其他的形式，如工作激励、成果激励、批评激励、培训教育激励等。

在激励中，我们也应该掌握若干激励实务以便更有效地实施激励，此实务主要包括以下几点：

(1)实行绩效工资制：取消年度补贴，改为绩效工资，按员工人数的10％、25％、55％顺序分别强化工资差别。

(2)分红：单位绩效打破预设目标时进行，以鼓励协作和团队工作。

(3)员工持股计划：鼓励员工持有本企业的股票，成为企业的股东和主人。

(4)总奖金：在企业繁荣时才有效。

(5)知识工资。

(6)灵活的工作日程。

运用这些激励实务，能使激励的形式更加实际，有些时候也更符合员工的需要。

4. 综合运用激励技巧，激发员工的内驱力

不论是对于企业，对于单位或者对一个班组来说，激励都是提升员工自信心、激发员工努力向上、奋发进取的最有效的措施之一。针对班组内

不同类型的员工，班组长要采取不同的激励技巧，来激发员工的热情和斗志，促使员工自动自发、主动积极地为工作付出努力。

【拓展活动】 兔子舞

兔子舞是一种娱乐舞蹈，它重在游戏者的协调配合。玩这个游戏，全体学员需要听从统一口令，全神贯注地做出统一的动作，有助于培养学员的感情以及增进彼此的了解，同时让他们体会沟通与合作的妙处。

(1)培训游戏规则和程序

①此培训游戏适用于15人以上，但人数不宜过多，否则会减低培训游戏的乐趣。

②让所有学员组成一个小队，要求后面的学员用双手搭在前面学员的双肩上。

③培训者站在一边为他们发号施令：左脚跳两下，右脚跳两下，双腿合并向前跳一下，向后跳一下，再连续向前跳两下。

(2)相关讨论

①你们玩的时候，多久就会出现步调不一致的情况？为什么会出现这种情况？

②你们用什么方法使小组成员的步调保持一致？

③游戏进行到后面阶段，这种情况是否有所改进？采用什么方法？

(3)总结

①游戏一开始的时候是由培训者发号施令，随着游戏的推进，培训者可以将这个权力交给某个游戏者，让他们左右大家的步伐。这样会增加游戏的难度，因为培训者站在旁观者的角度有利于把握全局，说出的命令会照顾所有人。当这个权力转交给游戏者时，他只能凭感觉感受大家的需要，难免出现不协调的命令，这种更有难度的方法，会更有利于帮助学员体会协调与合作的重要性。

②除了领导者需要技巧外，参加者也需要投入很大的注意力，不仅注意倾听培训者的命令，还要注意前后同伴的动作，免得踩到别人的脚。这是一个很重要的问题，一个人的不专心很可能影响到他前后几个人的情绪，甚至扰乱他们的步伐。因此，作为培训者，发现这种情况时，要及时用幽默的语言提醒那个走神的人，以保持整个团队的游戏效果。

(4)要求

参与人数：集体参与。

时间：10 分钟。

道具：快节奏音乐和音响设备。

场地：空地或大会场。

(5)应用

①加强团队成员的相互了解。

②激励学员积极参与。

这一拓展游戏也向我们展示了激励方法的重要性。不同类型的激励方法会对行为过程会产生程度不同的影响，所以激励类型的选择是做好激励工作的先决条件。

(1)目标激励。人的动机多起源于人的需求欲望，没有得到满足的需求是激发动机的起点，也是引起行为的关键。因为未得到满足的需求会造成个人的内心紧张，从而导致个人采取某种行为来满足需求以解除或减轻其紧张程度。

目标激励就是把企业的需求转化为员工的需求。为了解除这一需求给他带来的紧张，他会更加努力地工作。在员工取得阶段性成果的时候，管理者还应当把成果反馈给员工。反馈可以使员工知道自己的努力水平是否足够，是否需要更加努力，从而有助于他们在完成阶段性目标之后进一步提高他们的目标。运用目标激励必须注意三点。

①目标设置必须符合激励对象的需要。即要把激励对象的工作成就同其正当的获得期望挂钩，使激励对象表现出积极的目的性行为。

②提出的目标一定要明确。比如,“本月销售收入要比上月有所增长”这样的目标就不如“本月销售收入要比上月增长10%”这样的目标更有激励作用。

③设置的目标既要切实可行,又具有挑战性。目标难度太大,让人可望而不可即;目标过低,影响人们的期望值,难以激发人的动力。无论目标客观上是否可以达到,只要员工主观认为目标不可达到,他们努力的程度就会降低。因此,设置的激励目标应该是员工在经过努力后能达到的,否则就无法激励员工。在设置目标时,正确的做法应将长远目标分解为阶段目标。

(2)物质激励。所谓物质激励,就是从满足人的物质需要出发,对物质利益关系进行调节,从而激发人的向上动机并控制其行为的趋向。物质激励多以加薪、减薪、奖金、罚款等形式出现,在目前社会经济条件下,物质激励是激励不可或缺的重要手段,它对强化按劳取酬的分配原则和调动员工的劳动热情有很大的作用。

(3)情感激励。情感激励既不是以物质利益为诱导,也不是以精神理想为刺激,而是指领导者与被领导者之间以感情联系为手段的激励方式。每一个人都需要关怀与体贴,一句亲切的问候,一番安慰的话语,都可成为激励人们行为的动力。运用情感激励要注意情感的两重性:积极的情感可以增强人的活力,消极的情感则会削弱人的活力。情感激励主要是培养激励对象的积极情感。其方式很多,如沟通思想、排忧解难、慰问家访、交往娱乐、批评帮助、共同劳动、民主协商等。只要领导者真正关心体贴、尊重、爱护激励对象,通过感情交流充分体现出“人情味”,他就会把你对他的真挚情感化作自愿接受你领导的自觉行动。

(4)负激励。激励行为可分为正激励与负激励,也就是我们通常所说的奖惩激励。所谓正激励,就是对个体符合组织目标的期望行为进行奖励,以使这种行为更多地出现,提高个体的积极性。所谓负激励,就是对个体违背组织目标的非期望行为进行惩罚,以使这种行为不再发生,使个体积极性朝正确的目标方向转移。在组织工作中,正激励与负激励都是必要而有效的,因为这两种方式的激励效果不仅会直接作用于个人,而且会间接地影响周围的个体与群体。通过树立正面的榜样和反面的典型，扶正祛邪，形成一种良好的风范，就会产生无形的正面行为规范，比枯燥的教条和规定更直观、更具体、更明确，能够使整个群体的行为导向更积极，更富有生气。

(5)差别激励。人的需求包括生理需求、安全需求、社会需求、尊重需求和自我实现需求等若干层次。当一种需求得到满足之后，员工就会转向其他需求。由于每个员工的需求各不相同，对某个人有效的奖励措施可能对其他人就没有效果。管理者应当针对员工的差异对他们进行个别化的奖励。比如，有的员工可能更希望得到更高的工资，而另一些人也许并不在乎工资，而希望有自由的休假时间。又比如，对一些工资高的员工，增加工资的吸引力可能不如授予他某些头衔的吸引力大，因为这样可以使他觉得自己享有地位和受到尊重。员工的个性各不相同，他们从事的工作也应当有所区别。与员工个性相匹配的工作才能让员工感到满意、舒适。

(6)公平激励。下属的工作动机和积极性不仅受自己绝对报酬的影响，更重要的还受相对报酬的影响。下属总会把自己的贡献和报酬与一个和自己相等条件的人的贡献和报酬相比较。当这种比值相等时，就会有公平感，就心情舒畅，积极性高涨；反之，就会导致不满，产生怨气和牢骚，甚至出现消极怠工的行为。因此在激励时，要做到努力满足激励对象的公平意识和公平要求。在现实社会中，不公平的现象较多。例如，由于地区、行业、单位、个人等条件的不同，加之制度和政策上的某些弊端，造成了人们在报酬上的较大差异，并因此引发了一些矛盾。公平激励，就应积极减少和消除不公平现象。正确的做法不是搞绝对平均主义，而是领导者要做到公平处事、公平待人，不搞好恶论人，亲者厚、疏者薄。如对激励对象的分配、晋级、奖励、使用等方面，要力争做到公正合理，人人心情舒畅。

(7)信任激励。信任激励就是领导者要充分相信下属，放手让其在职权范围内独立地处理问题，使其有职有权，创造性地做好工作。古人说"疑则勿任，任则勿疑"。现代领导活动中的用人不疑，更是重要的用人原则。应用信任激励，要注意三点：

①用人不疑的对象必须是德才兼备，在工作上能放心放手的人才。对那种投机钻营的"奸臣"和平庸无能的"草包"，决不可轻信重用，否则贻误大业。

②切忌轻信闲言碎语。现实社会上，有爱才荐才之士，也有妒才诬才之徒。领导者一定要头脑清醒、是非分明，以免影响人才的智慧和创造性的发挥。

③授以权职之后，必须让其放手工作，不要横加干涉，否则就谈不上真正的信赖和授权。这样，才能让被任用者产生最佳心理，以激励他们充分发挥主观能动作用。

(8)心智激励。研究表明：在没有激励措施下，下属一般仅能发挥工作能力的20%～30%，而当他受到激励后，其工作能力可以提升到80%～90%，所发挥的作用相当于激励前的3～4倍。日本丰田公司采取激励措施鼓励员工提建议，结果仅1983年一年，员工提了165万条建议，平均每人31条，为公司带来900亿日元利润，相当于当年总利润的18%。下属的潜能不被激励，一直潜藏着那就变成了无能。下属的潜能对领导者来说是没有用的，领导者需要的是下属的效能。因此领导者应将下属的潜能进行激发，使之变成效能。这种对心的激励可以带来智力、智慧和创造力的开发，激励心与激励智要结合起来。

5. 正确处理冲突，协调员工关系

为了使班组员工有效地完成组织目标和满足个人需要，必须建立班组成员和群体之间的良好和谐关系，彼此间应互相支持，行动应协调一致。但是，现实的情况是，个人间存在着各种差异，群体间有不同的任务和规范，对同一个问题就会有不同的理解和处理，于是就会产生不一致，或是不能相容。这种不一致、不相容也就是我们日常所说的"冲突"。在班组中，存在各种各样的冲突是一种正常现象。

冲突是指个人或群体内部，个人与个人之间、个人与群体之间、群体与群体之间互不相容的目标、认识或感情，并引起对立或不一致的相互作用的状态。

冲突产生的原因主要有以下几个：①沟通差异，是指冲突来自语意上的难懂、误解，以及沟通媒体上的噪声干扰。②结构差异，是指来自组织结构本身的设计不良，而造成了整合的困难，最后则导致冲突。③个人差异，是来自于价值系统与人格特征的不同。

一般而言，冲突可分为三种类型：一种是目标性冲突，即冲突双方具有不同的目标导向时所引发的；第二种是认识性冲突，即不同群体或个人在对待某些问题上由于认识、看法、观念之间的差异而引发的冲突；第三种是感情性冲突，即由于人们之间存在情绪与情感上的差异所引发的冲突。

冲突有各种各样的表现形式，如暴力、破坏、无理取闹、争吵等。消极的冲突对于班组建设有很大的危害：使员工之间的关系恶化，影响班组的生产秩序和产品质量；给班组的团队协作带来不良影响，无法形成班组的凝聚力和向心力；严重时甚至会给员工和班组造成生命和财产损失，影响企业形象，阻碍班组的建设和发展。由于在班组中冲突的存在是一种客观现象，为了有效地化解冲突，维持班组和员工之间的团结，协调员工之间的关系，班组长就必须找到有效解决冲突的方法和策略。

解决冲突的方法和策略有：①审慎地选择要处理的冲突问题。②评估冲突当事人。③分析冲突原因和根源。如沟通差异，沟通不良容易造成双方的误解，从而引发冲突。人们往往倾向于认为冲突大多数是由于缺乏沟通造成的；再有就是由于角色要求、决策目标、绩效标准和资源分配等不同而产生的立场和观点的差异；人格差异，其结果使得有些人表现出尖刻、隔离、不可信任、不易合作，从而导致冲突。

解决冲突的策略主要有:①回避、冷处理。②强制、支配。也就是以牺牲一方为代价而满足另一方的需要。③迁就、忍让。④折中、妥协。⑤合作、协同。

有时候管理者需要将冲突激发到一定的水平,通过冲突管理以达到实现班组管理、刺激员工生产、提高其竞争力等方面的目的。此时,班组长激发冲突可以采用的策略主要有:①改变组织文化。②运用沟通。③引进外人或重用吹毛求疵者。④重新构建组织。

6. 完善班组工作,提高员工的满意度

员工满意度是指员工对工作回报、工作环境、工作群体、工作本身及对企业的满意程度。对企业来说,员工满意度是反映员工的思想状况、队伍的稳定情况以及企业是否具有凝聚力的一个重要方面,员工满意度的高低对企业的发展、改革和稳定都起着极其重要的作用。企业的经营策略都要依靠员工来完成,员工对企业经营管理状况、内部工作流程、企业管理机制等各个方面的心理感受,将直接影响员工的工作状态,且最终影响企业业绩目标的完成。只有不断提高员工的满意度,才会激发员工的创造热情,员工才会尽职尽责地去做好各项工作,为企业多做贡献,创造更多的价值。因此,在班组中,为了使员工对企业和班组的工作更加满意,培育员工对于企业和班组的忠诚意识,班组长应该通过完善班组的各项工作,包括工作环境、工作绩效、福利待遇、激励制度以及员工的自我发展等,来达到这一目的。

第一,为员工提供成长、成功的机会和平台,安排符合他自身期望的工作，提高他对工作本身的满意度。工作满意度，指员工对于所从事工作的满意程度，它与调动员工的积极性，挖掘员工内在潜力之间有着极为密切的关系。几乎所有的人都有表现欲，这种表现欲实际上就是证明自己人生价值的欲望。积极的、健康的表现欲是推动事物不断发展的动力。因为挑战性强的工作对工作能力弱的员工来说，会使他们产生挫折和失败感；而挑战性弱的工作对工作能力强的员工来说，又会使他们产生厌烦情绪。因此，班组长应为员工提供符合其能力条件的工作岗位，对员工的职业发展做出规划。

第二，领导对员工所做工作的认可度，员工的薪酬与所付出的劳动是否成正比，是员工实现其工作回报满意度的关键。员工在企业所取得的收入，某种程度上体现了企业对员工个人价值的评判，是员工实现自我满足感的重要途径，因此，企业要建立合理的薪酬体系和“以人为本”的管理制度；要不断地改进工资和奖金的分配方式，完善绩效考核办法。企业在执行员工考核制度时，要尽最大可能做到公正和公平，增加透明度。要向员工明确，考核的最终目的不是对员工进行批判和惩罚，而是帮助员工提高工作效率和改进工作方法。企业的管理制度是否“公平、公正、公开、民主”也是决定员工满意度的主要因素之一。

第三，为员工创造一个优美、舒适的工作环境，增强员工对工作环境的满意度。工作环境包括工作安全性、工作条件、工作时间制度、工作设施等。员工为企业工作不仅是为了获得报酬，对大多数员工而言，企业是他们的另一个家，员工希望自己工作的环境安全、舒适、现代化。舒适的工作环境对提高员工的工作效率，树立企业的形象，激发员工的自豪感都有非常重要的作用。

第四，营造诚信、友爱、和谐的工作氛围，提高员工对工作群体的满意度。企业应当具有良好的人际关系氛围，这是企业激发员工工作积极性的重要的内在因素。企业要充分尊重员工的人格、权利、尊严与爱好，平等待人，化解干群之间、群众之间的对立情绪，创造宽松和谐的人际关系。企业应以开展各种文娱、体育活动为载体，让员工在活动中建立友谊、增进感情。领导和员工共聚一堂，轻松地沟通和交流，总结过去的经验，规划未来的发展，也是提高员工满意度，增强凝聚力的一个重要途径。通过沟通和交流，领导可以真实地把握员工的心理动向，从而弥补管理上的疏漏，强化对员工的管理。此外，企业还要从细微之处关心员工，以激发员工的责任感和事业心。

第五，增强企业的经济发展实力，提高员工对企业的依赖和满意度。企业的生存、发展与员工的利益息息相关，加快企业的发展就是员工利益的实现，所以，既要重视企业形象建设，提高企业的知名度、信誉度，又要努力提高企业的经济效益，增强经济实力。企业兴旺，员工富裕，员工自然会产生光荣感，企业自然就会对员工形成吸引力。具有较强经济发展实力的企业应坚持民主管理，因为只有当员工感到自己真正当家作主时，他们的积极性、聪明才智和创造精神才能得到充分发挥。企业要建立健全各项民主管理制度，将重大问题交由员工代表大会或发动广大员工进行讨论，广泛听取员工的意见和建议。对员工的合理化建议高度重视，做到有回音、有答复，对有价值的合理化建议认真组织实施并给予奖励，这样就会极大地调动员工的积极性。

7. 重视激励中的问题，避开激励禁忌

在班组管理中，激励是一种相当重要的管理方法，可以说班组工作时时处处都需要激励。班组长在对员工进行激励时，应注意以下一些问题。

(1)激励不等于奖励。很多班组长简单地认为激励就是奖励，因此在设计激励机制时，往往只片面地考虑正面的奖励措施，而轻视或不考虑约束和惩罚措施。从完整意义上说，激励应包括激发和约束两层含义，奖励和惩罚是对立统一的。激励并不全是鼓励，它也包括许多负激励措施，如罚款、降职、淘汰等。

在每个企业中，员工都有各种各样的行为方式，但其中有部分行为并不是企业所希望的。对希望出现的行为，公司可以采用奖励进行强化；对不希望出现的行为，按照激励中的强化理论，可采用约束措施和惩罚措施，即利用带有强制性、威胁性的控制技术，如批评、罚款、淘汰等，来创造一种令人不快或带有压力的条件，将员工行为引导到特定的方向上。

(2)精神激励不容忽视。提到员工激励，人们往往想到的就是物质激励。大多数班组长认为：员工上班就是为了挣钱，认为金钱是对员工进行激励的最有效工具。有些管理者一味地认为只有奖金发足了才能调动员工的积极性。但在实践中，不少企业在使用物质激励的过程中，耗费不少，而预期的目的并未达到，员工的积极性不高，反倒贻误了组织发展的契机。美国管理学家皮特指出："重赏会带来副作用，因为高额的奖金会使大家彼此封锁消息，影响工作的正常开展，整个社会的风气就不会正。"

客观看待和正确理解员工的需求，尊重他们的正当需求是激励的基础，是激励的出发点。如果对于员工的需求和价值观理解错误，那激励也就无从谈起。事实上人不但有物质上的需要，更有精神方面的需要。美国的一项有关激励因素的研究表明，员工把经理对其完成某项工作的赞扬列为所有激励中最重要的。但不幸的是，在这项研究中，58%的员工说管理者一般不会给予这样的表扬。可见企业不能仅用物质来激励员工，精神激励有着不可替代的作用。

(3)平均分配等于无激励。有的企业在建立起激励制度后，员工不但没有受到激励，努力水平反而下降了。原因是没有辅以系统科学的评估标准，最终导致实施过程中的"平均主义"，例如评优中的"轮庄法""抓阄法"等，打击了贡献大的员工的积极性。奖金本来是激励因素，可在实施过程中出现了偏差，使员工产生不满意感，反而抑制和消减了员工的努力水平。

一套科学有效的激励机制不是孤立的，应当与企业的一系列相关体制相配合才能发挥作用。其中，评估体系是激励的基础，有了准确的评估才能有针对性地进行激励。在激励实施的过程中，一定要注意公平原则，让每个人都感到自己受到了公平对待，必须反对平均主义，否则激励会产生负面效应。

8. 进行自我激励，增强工作动力

自我激励是指个体具有不需要外界奖励和惩罚作为激励手段，能为设定的目标自我努力工作的一种心理特征。自我激励对班组长成功管理班组具有重要作用。

自我激励的内涵可分为三个层面的内容：

第一个层面是自省。“见贤思齐焉，见不贤而内自省”，适当而正确的自省，往往比其他任何东西更能使人获益。

第二个层面是感恩。感恩是成功的基石，只有学会感恩的人、具有感恩意识的人，才可能回报他人、企业和社会，才能产生更大的工作动力。

第三个层面是自我实现。自我实现的需要是超越性的，追求真、善、美，追求自身价值与完美人格的统一。自我实现，是自我激励的最高境界，也是马斯洛需求理论中的最高层次。满足自我实现需要，就要求完成与自己能力相称的工作，最充分地发挥自己的潜在能力，成为所期望的人物。

班组长进行自我激励的途径和方法主要有以下几方面：

(1)要具有高尚的情感和价值观。激励是人对美好事物的向往、追求和希望，这种美好的情感能激发力量、引发智慧、鼓舞斗志。如果没有激励就不会有进取的动力，就不会有相应的行为及产生良好的效果。对任何人来说，生命需要激励，学习、工作和事业更需要有激励。

(2)激励的力量来源于自我奋发向上的心理。如果自己以为不行，就不可能产生力量。事业、工作的成功与否，固然与外部环境有关。但是，更与自我激励有关，与自己的成功意识有关，也与各种积极的暗示有关。自我激励是人在暗示作用下在心理上所产生的一种积极向上、超越自我的心理历程。

(3)要把握好自己的情绪。班组工作千头万绪，有时会令人烦躁和失望，给班组长形成挫败情绪。因此，班组长要想更好地自我激励，就应该学会控制自己的情绪，保持高昂的心情，这样才能更好地开展工作。因此，班组长要能找出自身的情绪高涨期以此不断激励自己。

(4)调高主要目标。主要目标太小、模糊不清，就会使自己失去动力。如果主要目标不能激发想象力，目标的实现就会遥遥无期。因此，真正能激励班组长奋发向上的是要确立一个既宏伟又具体的远大目标。

(5)加强紧迫感。要给自己施加一定的压力，使自己与目标之间产生必要的张力，这样才能驱使自己奋发向上。

此外，根据目标做好计划的调整工作，敢于面对困难；要立足现在，敢于竞争，敢于挑战危机，加强自我反省，这些都是在进行自我激励时应有的态度。

第十章

增强团队合作，班组长团队建设拓展训练

1. 加强团队建设，达成班组目标

班组整体目标的实现和生产任务的完成，仅仅靠某一个或某些员工是不可能的，更多的时候需要员工们互相协作、合力攻关，以团队的形式进行工作。这是因为团队相对于个人或纯粹的群体而言，有其优势所在。因此，加强班组团队建设对班组的发展是有重要意义的。著名的管理理论研究者彼得·圣吉在其“学习型组织”理论中对组织及其成员提出的一项重要修炼就是进行“团队学习”，这也是属于团队建设的一个主要内容，由此可见，团队建设对于企业班组建设、实现班组目标的重要性。下面的拓展案例生动地说明了这一要求在活动中的重要性。

【拓展活动】 孤岛求救

(1)情景设置

在一次出海的时候，我们的船遇上大风暴沉没了，有一部分人被救，另外一部分人被冲到了一个小岛上。一天，被冲到岛上的人终于发现了一艘营救船，但因为距离远，呼救听不到，又没有火柴来生火，怎么办呢？

(2)游戏目的

让组员了解如何制订团队计划；让组员提高目标管理的能力。

(3)游戏内容

游戏人数不限，但是参加人数较多时，需要将组员划分成若干个由5～6人组成的小组。

(4)游戏时间

60分钟以上。

(5)游戏场地

户外。

(6)游戏用具

竹篾，纸，线，剪刀，胶水，酒精灯。

(7)游戏步骤

①将组员分成若干个由5～6人组成的小组后，给各组分配任务。

②各组利用自己找到的材料制作一个风筝。

③要求30分钟之内完成任务，风筝做好之后经测试，能够飞起来。

④培训师开场白如下：遭遇海难后，你们组漂流到一个荒凉的孤岛上，被困多天，每个人都渴望逃离孤岛。忽然，有人发现遥远的地平线上有一条小船，好像船上的人正在向这边看，但是他不可能看到你们被困在小岛。你们没有火柴或其他能发信号的物件，因此只能想方设法制造一个风筝，估计风筝30分钟之内能够做好。通过放飞风筝才能让船上的人发现你们，那艘船随时可能开走，所以你们必须抓紧时间，祝你们好运！

这一游戏促使我们思考：游戏过程中你遇到了什么问题？每个人都做了什么？你们必须在规定的时间内完成任务，对此有何认识？你们各自的任务目标是如何完成的？

游戏给队员们的启示是：锁定目标、坚定不移地朝着目标前进，不代表一味地蛮干，有正确的方法才能实现目标。目标是企业发展方向的领航员，如果一家企业茫无目标地发展，终归会迷失方向，永远达不到胜利的彼岸。

那么什么是团队？它与群体有什么区别？什么又是团队建设，应该怎样进行团队建设？

简言之，团队是指一种为了实现某一目标而由相互协作的个体所组成的正式群体。它是由员工和管理层组成的一个共同体，它合理利用每一个成员的知识和技能协同工作，解决问题，达到共同的目标。团队建设是企业在管理中有计划、有目的地组织团队，并对其团队成员进行训练、总结、提高的活动，它是企业真正的核心竞争力的来源。

团队与群体既有联系又有区别。团队属于正式群体，是正式组织，有统一的目标、统一的思想、统一的规则、统一的行动和统一的声音，要求遵循领导、全力协作、实现共享目标；而群体则只是一群人的集合，他们可能是正式的组织、也可能是非正式的组织，并不要求有特定的目标和共同的领导。

团队建设的好坏，象征着一个企业后继发展是否有实力，也是这个企业凝聚力和战斗力的充分体现。团队建设首先应该从班组做起：班组成员之间要亲密团结，协作到位；班组管理者心里始终要装着员工，支持员工的工作，关心员工的生活，用管理者的行动和真情去感染身边的每位员工，平时多与员工沟通交流，给员工以示范性的引导，捕捉员工的闪光点，激发员工工作的积极性和创造性，更重要的是管理者要沉下身去和员工融为一体，让员工参与管理，给员工创造一个展示自己的平台，形成一种团结协作的氛围，让员工感到家庭般的温暖，在这个家庭里面分工不分家，有福同享、有苦同担，个人的事就是团队的事，团队的事就是大家的事。对待每个人、每件事都要认真负责，做到以上几点，就会更好地建设出一支好的团队。

在进行班组团队建设时，要有意识地在班组中努力开发有效的工作小组。每个小组由一组员工组成，通过自我管理的形式，负责一个完整的工作过程或其中一部分工作。通过班组团队建设，参与者和推进者都会彼此增进信任，坦诚相对，愿意探索影响工作小组能创造出不同寻常的业绩的原因。

在班组中，加强团队建设要从以下方面去考虑：

(1)要有一个优秀的团队领导。团队领导应具有如下素养:品德高、能力强、善于领导。一个拥有良好品格的优秀领导,可以让组织成员众望所归,可以成为组织的精神领袖,可以带领大家克服困难,取得一次又一次成功。作为团队负责人,他还要具备某一专长,要有突出的能力,能够带领全体成员创造出更好的业绩;在具体的工作中,团队领导应多领导,少管理,以自己的能力、品识、人格魅力去影响员工,而非仅靠组织授权形成的权力强制管理下属。

(2)团队建设要以"自我管理"的小组形式进行。每个小组由一组员工组成,负责一个完整工作过程或其中一部分工作。工作小组成员在一起工作以改进他们的操作或产品,计划和控制他们的工作并处理日常问题。他们甚至可以参与企业更广范围内的问题。

(3)要建立团队的共同愿景。共同愿景对个人或是组织的发展都有非常重要的导向和激励作用:当每个人把自己融入更大的愿景,当个体的愿景得到组织愿景支持时,组织将爆发出巨大的能量。如果一个企业、一个组织有一个共同的愿景,大家都奔着这个共同愿景努力,就可以向上发展。共同的事业远景,包括如下两方面内容:一是找到组织存在的价值和意义;二是可能实现事业的组织分工与责任。为了达成企业的事业远景或者使命,团队成员要有各自的组织分工,要明晰自己承担的事业责任,明确了各自的职责,大家齐心协力,才能更好地达成组织的长远规划。

(4)要有清晰的团队目标。清晰的团队目标包括如下要素:一是制订组织的经营目标;二是制订组织成员个人的利益目标。

(5)要建立有效的考核激励制度。考核激励制度包括建立合理而有挑战性的薪酬考核体系,根据员工的贡献,公平、公正取得合理报酬;在激励过程中,要多奖励,少惩治。

(6)加强系统学习。班组长要为团队个人提供学习和成长的平台,打造学习的良好氛围;要尊重每一个员工的个性,尊重员工的个人意愿,尊重员工的选择权利,使所有的员工在人格上人人平等、在发展机会面前人人平等,为员工提供良好的工作环境,营造和谐的工作氛围,形成和谐真诚的人际关系。培养团队成员的学习能力,迅速提升各方面的工作技能和综合素质。

(7)团队建设也是一个有效的沟通过程。在该过程中,参与者和推进者都会彼此增进信任、坦诚相对,愿意探索影响工作小组发挥出色作用的核心问题;要提倡信息共享,反对各种暗箱操作,反对任何形式的官僚主义。

2. 重视团队精神,增强班组的凝聚力

所谓团队精神,是一种集体意识,是团队所有成员都认可的一种集体意识。团队精神是高绩效团队中的灵魂。概括地说,团队精神就是大局意识、服务意识和协调意识"三识"的综合体。它反映了团队成员的士气,是团队所有成员价值观与理想信念的基石,是凝聚团队力量,促进团队进步的内在力量。

团队精神尊重每个成员的兴趣和成就,要求团队的每一个成员,都以提高自身素质和实现团队目标为己任,为团队的进步和发展奉献自己的力量,全力协作、集体攻关,最大限度地发挥团队的潜在能量。所以说,团队是一种精神力量,是一种信念,是一个现代企业不可或缺的精神灵魂。

【拓展活动】 链接加速

(1)活动目的

团队协作型、户外游戏,本活动旨在培养队员们的团结协作精神。

(2)场地器材

广场,无须器材。

(3)活动规则及竞赛方法

①竞赛方法：参加游戏者6人一组，后边的人左手抬起前边的人的左腿，右手搭在前边的人的右肩形成小火车，最后一名队员也要单脚跳步前进，不能双脚着地。场地上画好起跑线和终点线，其距离为30米(以一篮球场宽为准，来回)，游戏开始时，各队从起跑线出发，跳步前进，绕过障碍物回到起点，最先到达起点的为胜。按时间记名次，按名次记分。

②竞赛规则：

第一，过程中队员必须跳步前进，不允许松手(一直保持抬起前边的人的左腿)，以防止出现断裂现象，队伍断裂必须重新组织好，从起点重新开始游戏。如果不重新组织，继续前进，则成绩视为无效，记为0分。

第二，以各队最后一名队员通过终点线为准。

第三，比赛过程中，参赛队必须在规定的赛道进行比赛，不许乱道，犯规一次扣时2秒，依次累加。

在这一拓展活动中就需要很好的团队精神。如果没有一定的团队精神、没有相互协作的要求，团队成员就不可能顺利地完成任务，就不可能默契地相互配合，队员们组成的“小火车”也就不可能顺利地行进，又怎能取得比赛的胜利呢？所以，团队精神是队员们完成任务、获取胜利必不可少的武器。在班组中，是非常需要这种精神的。

团队精神不同于群体和集体主义。团队精神更强调个人的主动性，团队是由员工和管理层组成的一个共同体，该共同体合理利用每一个成员的知识和技能协同工作，解决问题，达到共同的目标。集体主义则强调共同性。两者具体的区别如下：

(1)领导方面。群体应该有明确的领导人；团队有所不同，尤其团队发展到成熟阶段，成员共享决策权。

(2)目标方面。群体的目标必须跟组织保持一致，但团队中除了这点之外，还可以产生自己的目标。

(3)协作方面。群体的协作性可能是中等程度的,有时成员还有些消极,有些对立;但团队中是一种齐心协力的气氛。

(4)责任方面。群体的领导者要负很大责任,而团队中除了领导者要负责之外,每一个团队的成员也要负责,甚至要一起相互作用,共同负责。

(5)技能方面。群体成员的技能可能是不同的,也可能是相同的,而团队成员的技能是相互补充的,把不同知识、技能和经验的人综合在一起,形成角色互补,从而达到整个团队的有效组合。

(6)结果方面。群体的绩效是每一个个体的绩效相加之和,团队的结果或绩效是由大家共同合作完成的产品。

培养团队精神,要建立起企业和班组的共同愿景,它对全体成员有一种目标导向的作用,在目标指引下达成共识、加强协作;要建立和谐合作的团队文化,为班组员工打造一个共同进步的文化环境;要建立起有效的激励机制,促使全体员工为实现目标而奋斗;要加强班组成员之间的沟通与协调,使之相互理解、平等互助、融洽和睦。

3.

化解团队冲突,维护班组团结

美国管理协会进行的一项调查表明,管理者平均需要花费管理时间的20%来处理冲突;而另一项关于"管理者认为在管理发展中什么方面最重要"的调查发现,"冲突"排列在"决策""领导""控制"前,这项发现更支持了"冲突"管理的重要性,也说明"冲突"发生的普遍性。在任何组织中差异都是存在的,有差异就有冲突,因此冲突是不可避免的。

在班组中，班组长与员工、员工与员工之间会经常发生一些不愉快的摩擦、冲突，这是很正常的事情。作为班组长，在遇到这样的情况时，或是要冷静处理、自我检查；或是要积极地介入其中，消除他们之间的矛盾、冲突，不让矛盾影响班组的和谐气氛，影响生产效率。

【拓展活动】 蜘蛛网

(1)概述

这是一个广为人知的著名的户外游戏，它是幻想和挑战的完美融合。它可以被用来创建团队、培养团队合作精神、学习冲突处理技巧、培养领导才能、锻炼沟通能力。虽然这个游戏需要培训专员进行一定的准备工作，但是这些准备工作一定会带来超值的回报。

(2)时间

1小时以上。

(3)人数

不限，人数较多时，需要将队员划分成若干个由8～12个人组成的小组。

(4)道具(每个小组)

①选取两棵结实的大树(用来支撑蜘蛛网)。

②尼龙绳或其他类似的绳子(用来编织蜘蛛网)。

③8个螺栓，或者几节电线，甚至几小节绳子亦可(用来把蜘蛛网固定在树上)。

④蒙眼布，如果有人被蜘蛛咬着了，他的眼睛就会被蒙起来。

⑤选项：用来做警报器的小铃铛；用来制造气氛的大橡胶蜘蛛。

(5)目的

①培养团队合作精神。

②增进沟通。

③体现协同工作在解决问题中的作用。

④把队员团结在一起。

⑤学会克服看似难以解决的问题。

(6)准备

培训专员需要为每个小组架设一个蜘蛛网,具体方法如下:

①用螺栓或绳子在2棵树上做出8个固定点,每棵树上4个点,最低固定点距离地面约20厘米,同一棵树上的固定点间距为0.7米。这样最高固定点距离地面约为2.3米。

②固定点做好后,利用固定点来测量编织蜘蛛网边框所需的尼龙绳的长度。

尼龙绳的长度:(两棵树的间距+最高固定点与最低固定点之间的距离)×2。

在编织边框之前,最好先在尼龙绳上打出绳结。绳结的做法是从尼龙绳的一端开始,每隔10～15厘米打一个结。打绳结的作用是阻止内部网线的任意滑动。

③编织蜘蛛网的边框。具体做法如下:从树1开始,把尼龙绳的一端系在树1的最低固定点上;用绳子由下至上穿过树1的其他三个固定点,到达最高固定点;把绳子从树1的最高固定点拉到树2的最高固定点;用绳子从上到下穿过树2的四个固定点,到达最低固定点;把绳子从树2的最低固定点拉回到树1的最低固定点;拉紧绳子,形成一个长方形,把绳子的剩余部分固定在树1的最低固定点上。

④编织蜘蛛网的内部。从边框的一个角落开始,模拟蜘蛛网的样子,编成一张网。注意要在网上编出适量的足够大的网洞,以便游戏时队员们能够从中钻过去。

⑤(可选)蜘蛛网编完之后,可以在网上放上一只橡胶蜘蛛和一个小铃铛。橡胶蜘蛛可以烘托气氛,小铃铛可以充当警报器,报告大家有人触网。

(7)步骤

①将游戏者分成若干个由8～12个人组成的小组。

②致游戏开场白。开场白如下：

你们小组陷入一片原始森林之中。走出森林的唯一出路被一个巨大的蜘蛛网封锁了，你们必须从蜘蛛网中钻过去(不能绕过去，也不能从网的上面或下面过去)。值得庆幸的是，蜘蛛目前正在睡觉。但是非常不幸，蜘蛛很容易被惊醒。在穿越蜘蛛网的过程中，任何人一旦碰到蜘蛛网，不论轻重，蜘蛛都会立刻被惊醒，并扑过来咬人，其结果是造成正在穿越的人和已经过去的人立刻双目失明。另外，每个网洞只能用一次。即不同的人必须从不同的网洞穿越过去。

③在多个小组参加游戏的情况下，让先做完游戏的小组做监护员，观察其他小组的游戏情况。

④等所有小组都做完游戏之后，引导队员们就团队合作、沟通、冲突和领导等问题展开讨论。

(8)讨论问题示例

①你们在游戏过程中碰到了什么问题？

②怎样分析问题的？每个人的任务是什么？

③你们是如何克服困难的？

④哪些因素有助于成功地完成游戏？

⑤游戏过程中有无冲突产生？你们是如何处理冲突的？

⑥游戏过程中有无领导者产生？其他人是否属于被迫接受领导？他们对此感受如何？

⑦这个游戏揭示了什么道理？

⑧如何将这个游戏和我们的实际工作联系起来？

(9)安全

注意不要让游戏者从网洞中跌落下去。

(10)变通

①可以在游戏进行过程中变更游戏规则，加大游戏的难度。

②触网的后果也可以是立刻使游戏者变成哑巴。

③如果你发现某些人领导欲极强，已经完全控制了整个游戏，你需要改变这种局面，那么，你可以让蜘蛛咬他们一下。这样，他们就会失明或失声。这种失明或失声可以是暂时的（比如5分钟）；也可以是永久的，即持续到游戏结束。这样就可以使其他人也有机会充当领导的角色。

④如果可能会多次使用这个游戏，那么建议用PVC管子做一个支架，用来支撑蜘蛛网。在管子上打出固定点，拉好网线。这样每次做培训的时候，把它拿出来用就可以了。

⑤为了增加游戏的难度，还可以要求每个小组带着满满的一桶水穿越蜘蛛网，这桶水可以被描述成解毒药水，用来在穿越成功后治疗那些被蜘蛛咬伤的人。

在这一拓展活动中，具体设置了一些难度较大、比较危险的任务，它不仅对队员的素质和能力要求较高，同时也提出了有关冲突处理和冲突管理的概念。由于任务难度大、完成条件苛刻，因此在活动过程中难免会发生冲突。那么，如何有效地处理这些冲突，使其向建设性的方向发展，成为队员们要考虑的一大课题，也是班组长们在实际班组管理中要着重考虑的问题。

对于不同类型的冲突应有不同的解决方法。如果班组长本人是引起冲突的一方，那么班组长更应该进行自我反思，检讨自己的工作方法、方式是否恰当；如果是下属之间的冲突，那么在解决下属冲突的过程中，班组长最好是充当一个中间人的角色。有些班组长会因为没有掌握解决下属之间矛盾的技巧，常常引火上身，最后把矛盾集中到自己的身上。要想妥善地解决各种的矛盾，就要掌握以下几个技巧。

（1）用宽容之心对待员工。各种冲突的发生是有原因的，而且造成冲突的原因往往是消极的。如由于某些利益上的纷争，由于员工素质的缺乏而难以相互和睦共处，由于缺少互谅互助的态度而导致冲突等。因此，班组长在处理这类冲突时不能仅是因为员工的错误和过失就否定员工，对员工缺少宽容爱护之心、责之过严、要求过度。班组长在处理各类冲突时，应耐心细致地寻找原因，推心置腹地进行思想工作，对员工进行说服教育，用宽容之心、真诚之心、爱护之心对待员工，帮助员工解决工作和生活中的实际困难，那么有些冲突就是可以避免的。

(2)做好非正式组织的工作。企业中存在正式的组织，也存在非正式组织。哈佛商学院梅奥教授及其同事罗特利斯伯格在1931年开始的“霍桑实验”中首次提出了这个概念。他们指出:组织不仅仅是一种工作结构体系，而且是一种人际交往体系。正式组织反映的是工作结构，所以奉行的是“效率的逻辑”，非正式组织反映的是人际关系，所以奉行的是“感情的逻辑”。管理人员更看重效率，而员工更看重感情。如果管理人员没有意识到这一点，往往无法理解员工的行为。

非正式组织反映了明显的从众倾向，其成员的交往以义气和兴趣相投为基础，彼此“有福同享、有难同当”，为了某一个个人利益可以共进退，常常无理取闹。解决的方法是从空间上隔离其成员，一举解决问题。

这些非正式组织的领袖人物虽然是自发产生的，但对其成员的影响力往往会比正式组织领导人的影响力更大，他们威望高、影响大、说话灵，往往还是业务骨干和技术尖子。做好核心人物的工作，发现他的闪光点，相关问题解决起来就容易得多。非正式组织也往往是希望被注意、被了解、被关心和被鼓励的，对分歧意见要尊重，不要强加于人，要推心置腹，使相互间心情舒畅，最大限度地调动他们工作的积极性。

(3)要积极倾听员工的心声，给予更多的理解。很多人在受到委屈或者是遇到不顺心的事情时，都有倾诉的欲望，以求得心理上的平衡。所以，班组长在调解的时候，要认真地倾听冲突双方各自的心声，了解他们当时真实的感受，明确问题的根源。如果你没有听他们的倾诉，不去搞清楚事实，便劈头盖脸地给他们一顿训斥，他们便会加深自己内心的积怨，严重的会影响到日常工作。其实，认真的倾听会让下属感到你对他的尊重，这样他才会尊重你，听从你的调解，积极地解决矛盾。

重要的是在倾听时一定要带着尊敬和同情心，同时给予他们理解。对于相当一部分人来说，能够得到理解，便会很快地减轻和别人冲突所带来的不快。班组长这时可以这样说:“当他在做××事情的时候,我知道你非常生气。”另外还需注意的是,在解决双方矛盾的过程中,由于你是中间人的角色,应该持一个中立的态度,不能够只听一面之词就武断地得出结论。那样只会火上浇油,使得双方的矛盾加剧。你应该在听完双方各自的看法之后,再去衡量其中的利弊,尽量减少其中的误会,拿出一个让双方都能够接受的解决方案来。

(4)要尽职尽责,尽力消除各种误会。误会经常会给人们造成很大的麻烦,人与人之间有很多的矛盾都是由误会造成的。矛盾的双方可能都会戴着一副有色眼镜去打量对方。往往这个时候他们都觉得错在对方,自己觉得很委屈,希望班组长能够为自己伸张正义。因此,在处理这类矛盾时,班组长就要设身处地去了解其中的缘由,找到误会的所在。只有让自己设身处地为他们着想,才能降低双方内心的愤怒和抗拒心理,建立一个和谐的谈话环境,把握住“误解”的关键,顺势解开双方的矛盾。

在倾听双方观点的时候,一定要让他们表达得非常明确、具体。要讲出一些具体的细节,只有知道了产生矛盾的具体细节,才能够给以后的问题解决提供帮助。另外,还要让双方都不要用太过武断的语句,这样他们在说话的过程中才会认真地思考,有针对地去解决矛盾,不至于不经大脑胡乱倾诉一番。

有些时候,冲突的双方都已经清楚了自己的过失、错误,内心都想尽快地解决双方的矛盾,但是由于面子问题,他们都不愿主动去“低头”向对方认错。这时,班组长如果能够察觉到这一点,设身处地地为下属着想,寻找双方的心理弱点,问题将会很快得到妥善解决。

(5)在处理冲突时要公平公正,不偏不倚。不论是什么样的冲突,班组长在协调的过程中,要本着公平公正的原则去对待双方,绝对不能偏袒任何一方,否则会令冲突不断激化,甚至让矛盾进一步扩大,冲突不断复杂。有些班组长在处理冲突的时候经常会对冲突双方进行同样的批评,他们认为这样便会避免别人说自己闲话。但这种解决方法反而会让矛盾的双方都产生抱怨情绪:“问题明明是××的过错,为什么把我和他一起处分?”如此一来,不仅仅当事人对你会有很大的意见,下属之间相互合作的信任度也会受到严重影响，误会会增多，矛盾也会升级，最终影响到整个班组全局。

(6)寻找机会 暗中解决。通常，暗中解决矛盾的方法很管用。因为人们都比较爱面子，私下解决的时候就会给矛盾的双方保留面子。班组长尽量暗中解决矛盾，不要过于张扬，低调行事。不过对那些不伤面子，同时又具有普遍教育意义的事件则完全可以公开出来，对下属进行深刻的教育。

最后，在解决问题的时候要密切注意防止引火烧身。班组长解决矛盾最糟糕的结果便是把自己也卷入了矛盾之中，不能够公平、公正、有效地解决矛盾，甚至会把矛盾转化为上下级之间的矛盾，让矛盾的性质发生变化。只有善于运用以上这几个技巧，才能够更加顺利地解决好员工之间的矛盾，保证班组生产任务的顺利进行。当然，解决矛盾的方法还有很多，这里只是提供一些普遍适用的方法，班组长还要通过自己的实践经验，慢慢地总结出符合自身特点的解决技巧来。

此外，就事论事，只涉及具体问题，不将过去的恩恩怨怨牵扯进去，有利于解决当下的问题。冲突源于双方，当事人要对自己的态度负责，而不要强调对方有什么过错，怪罪对方或纠缠枝节无益于缓解双方的关系。要避免揭短，学会宽恕。有时，问题本身不一定要论出个是非曲直来，而对方的态度难以接受往往是引起冲突的主要原因。如果我们能够做到不直指对方短处，宽容大度，公平协商，就有可能化干戈为玉帛。

总之，只有解决好团队中存在的各种冲突，团队才能够维持团结、和谐的局面，才能更好地进行团队工作。

4.

加强团队沟通，促进团队协作

在团队中加强团队成员之间的沟通，对于团队而言也是很重要的。团队中的沟通也包括团队领导与团队成员以及成员之间的相互沟通两种类型。团队沟通的基本原理和方法与前面介绍的相同。团队沟通对于团队内人际关系的和谐、团队成员之间的有效协作，促进团队发展，其意义是相当明显的。

除了要加强沟通之外，也要强调团队成员之间的协作。

团队协作是一种为达到既定目标所显现出来的资源合作和协同努力的精神，它可以调动团队成员的所有资源与才智，并且会自动地驱除所有不和谐、不公正的现象，同时对表现突出者及时予以嘉奖，从而使团队协作产生一股强大而持久的力量。

对于企业和班组而言，团队协作的重要性主要体现在以下三个方面：①团队协作有利于提高企业的整体效能。通过发扬团队协作精神，加强团队协作建设能进一步节省内耗。如果总是把时间花在怎样界定责任，应该找谁处理，让客户、员工团团转，这样就会减弱企业成员的亲和力，损伤企业的凝聚力。②团队协作有助于企业目标的实现。企业目标的实现需要每一个员工的努力，具有团队协作精神的团队十分尊重成员的个性，重视成员的不同想法，激发企业员工的潜能，真正使每一个成员参与到团队工作中，风险共担，利益共享，相互配合，完成团队工作目标。③团队协作是企业创新的巨大动力。人是各种资源中唯一具有能动性的资源。企业的发展必须合理配置人、财、物，而调动人的积极性和创造性是资源配置的核心，团队协作就是将人的智慧、力量、经验等资源进行合理的调动，使之产生最大的规模效益，形成 1＋1＞2 的效应。

怎样才能促进团队协作？

(1)要建立团队成员之间的信任。要建设一个具有凝聚力并且高效的团队，第一步是建立信任感。只有成员之间相互信任、互相支持，才能形成一个真正团结的整体。

(2)要培养团队成员彼此负责的态度。卓越的团队不需要领导提醒团队成员竭尽全力工作，因为他们很清楚需要做什么，他们会彼此提醒注意那些无助于成功的行为和活动，而正是这种无怨无悔的付出才造就了他们对彼此负责、勇于承担的品质。

(3)团队领导要以身作则，鼓励协作。团队领导要做协作的表率，工作中要更多地相互支持，而非故意拆台、袖手旁观。

(4)营造“馈赠文化”。所谓“馈赠文化”，是指员工珍视与领导和同事的交往，视之为对方慷慨馈赠的礼物。管理者在日常工作中给予员工的非正式指导，有助于营造协作型的“馈赠文化”。

(5)培养必备的合作技能。在班组中要开展与协作行为有关的技能培训，支持非正式社区的建设。若能指导员工如何建立关系、开展高效沟通和创造性地化解冲突，将会极大地促进团队协作。

(6)支持社区氛围。人们如果有强烈的社区感，就会更加愿意帮助他人，与人分享知识。班组长可以通过举办员工联谊活动、周末厨艺展示、网球培训班等集体活动，或者制定相关政策鼓励员工发起类似活动，来培养社区精神。

(7)理解角色的明确性和任务的模糊性。角色界定清晰，团队成员就会把注意力放在如何完成任务上，而不是相互扯皮或保护自己的“地盘”；如果实现目标的路径并不明确，团队会觉得，要完成任务必须发挥创造力，因而也愿意投入更多的时间和精力相互合作。

(8)充分利用既有关系。团队中陌生人太多的时候，人们分享知识的意愿就会较弱。因此，最好在团队里安排几个相互熟悉的人。他们会成为人际关系网上的一个个节点，并最终把大家联结成一个完整的网络。

(9)选派任务与关系兼顾的领导者。人们总是就任务导向和关系导向这两者哪种是成就卓越领导力的关键争执不休，但事实上这两种导向对于带领团队取得成功都非常关键。通常来说，最好是在项目早期偏重于任务导向，然后在团队工作全面铺开时改为关系导向。所以选择一个兼备任务与关系能力的领导者至关重要。

总之，要实现团队协作就必须建立和谐关系，创设良好的人际氛围；团队成员要积极参与集体活动，增强团结协作精神；在班组中要营造你追我赶、力争上游的工作氛围；充分信任同事并发挥班组的主导作用。

5. 善于识人用人，实现人尽其才

班组的生产工作往往不是靠一个人来完成的，单独的个体不可能很好地全部完成班组日常任务，特别是要求较高、较重、比较关键的任务。能够取得成功的往往是那些能合理利用团队成员聪明才智的人。这就要求班组长在日常的生产管理中不但要发现人才，还要合理地安排利用这些人才。

班组长必须能够正确地识别人才并利用好人才，使班组中的优秀人才真正地得到利用，发挥其聪明才智。

(1)识人。要想高效率、高质量地完成生产任务，就要在各个岗位上安排合适的人员。这就要求班组长能够“知人善任”，根据下属的不同特点、不同专长，给他们安排合适的岗位，以使其才能得到最大的发挥。只有这样，企业才能够不断快速地发展，个人也才能够得到最快的提升。知人善任因此就成为了班组长重要的工作之一。班组长怎样识别人才呢？

①观察员工的社交圈。“物以类聚，人以群分”“近朱者赤，近墨者黑”。要想了解一个人是怎样的人，其实非常简单，只要看他的社交圈就能够知道十之八九。因为有着共同点的人往往更容易聚集到一起，而且

彼此之间的习性等也会互相影响。一个人如果跟一群有着良好的德行、超高的技能的人在一起，那么他的德行以及专业技能也会不断提升。

作为班组长，可以通过观察下属的社交圈的情况，来推断下属的品行；也能够通过下属的家庭成员或者是邻里来做相关的调查，看他是否能够妥善处理家庭、邻里关系，是否能和家人、邻居和睦相处，互相帮助等，这些都能够反映出下属的品行和生活作风。

②评判标准：要德才兼备，选贤任能。一个真正优秀的人，应该是一个德才兼备的人；一个优秀的员工，同样也应该是一个德才兼备的员工。有了好的德行，才能够在工作中认真负责，善待他人，对企业忠诚；有了过硬的技术能力，才能够更出色地完成自己所负责的工作，高质量地完成自己的任务。在现实生活中，不可能每个人都能得到全面的发展，因此德行和才能不能够得到平衡的发展。往往会出现有些人德比较好，才能比较差；有些人有很高超的才能，但却没有一个同样优秀的德行。对于一个企业来讲，在用人方面，除了一些特殊情况之外，德应该是考察员工更重要的一个因素。德行在很短的时间里不可能会有很大的提高，但是通过努力，才能、技术确实可以迅速得到大的提升。

③考察员工的"资格"。"资格"指的是一个人做过什么样的工作，取得过什么样的业绩等。一般情况下，"资格"对企业的选人有着非常重要的参考价值。因为，有过类似工作经历的人，对他所做过的工作更熟悉、更容易上手，尤其是那些技术性的岗位。

但是，"资格"却不是企业选人的唯一指标，资格只能反映一个人的过去，并不能够反映他的现在以及未来。如果只看"资格"，只选用那些有"资格"的人，很可能会让很大一部分有真才实学的人得不到重用，尤其是企业中的一些年轻职员。

(2)用人。有了人才之后还要懂得怎么去利用人才，正所谓"物尽其用，人尽其才"。而且，人们不可能对任何事情都非常精通，每个人既有优势也有缺点。班组长就要利用优势互补策略，积极地发掘下属的特长，并且给他们一个发挥自己特长的环境、空间。知人之后就要学会如何善任，这是最终的目标。善任，简单地说就是要善于用人，把合适的人安排到合适的岗位上。所谓术业有专攻,有管理才能的人就应该在管理的岗位上发挥自己的管理才能;有过硬技术的人,就应该投入到实际的生产中,奋斗在生产的第一线,保证企业的生产质量。在使用人才时,要做到以下要求。

①给予信任,用人不疑。班组长要逐步地提升自己的管理水平,首先就要给予自己的下属充分的信任,给他们创造有利于发挥自己才干的环境,提供必要的后备支持,一定要"用人不疑,疑人不用"。在下属实施工作的时候,轻易不要插手他们的工作,积极鼓励他们独立完成工作。这样,双方才能够互相信任,下属才有信心去更好地完成自己的工作。

②安排得当,扬长避短。每个人的才能都各有差异,在实际的工作安排中应该用其所长,充分发挥其作用。如果用其所短,便会埋没其才能。要想成为一个全能型的人才非常不容易,人们往往在知识和技能方面有着明显的领域性,一旦脱离自己擅长的领域,自己的那些知识、技能上的特长就会变得毫无意义。不同的工作岗位有着不同的要求,需要有适合岗位要求的员工来担任。班组长在安排工作的时候,应该根据下属不同的特长、水平、性格等因素,给其安排合适的岗位。

同样,在安排工作的时候还要注意扬长避短,重点在于扬长,这也是用人的一个基本策略。往往一个人的长处决定着其自身的价值,扬长能够避短,能够强化人的才干和能力,让他处于不断成长和发展之中。

因此,班组长在工作岗位的安排中,首要点应该放在下属的特长上,要因人而异,区别对待,千万不要人为地强迫别人改变或者是放弃自身的特长,勉强地适应新工作。要根据每个下属的特点来分配相关的工作,耐心地辅导他们,这样才能充分调动下属的积极性,提高企业的生产水平和工作效率。

③不拘一格,超常用人。这主要针对的是被自己疏远的人才以及以前背叛过自己或者曾经和自己作对的人才。也许他们曾处处刁难你,和你作对,但他们也很有可能是人才。对于这些人,班组长应该不计前嫌,重视他们可能在班组中发挥的作用,这才是对待他们的正确态度。

④保护人才,宽容善待。"金无足赤,人无完人",再完美的人也会存

在不完美的地方,现实生活中不存在十分完美的人。有的班组长能够很好地用人之“长”,利用下属的长处给班组创造大量的价值;但他们往往不能够容人之“短”,看不惯下属有任何的缺陷,动辄就给予严重的处罚。

有一些班组长十分严厉,眼里容不下半粒沙子,一旦发现班组成员中有一些他看不惯的缺点,就会因此断定对方不是一个出色的好员工。要知道,这是一个非常错误的认识。在用人的时候,班组长应该严格做到用其所长,保护人才,宽容善待。在任用员工的时候,要有一个开阔的视野,用宽大的胸襟去包容员工的缺点,只有这样,才算是一个好的班组长,才能够让下属们发挥出自己最大的才能,形成最大的合力,共同促进班组、企业的前进。“以人才为武器,以人才为核心”,本着这样的观念去治理企业,那么整个企业、班组才有可能不断强大。因此,班组长千万不可用下属的“短”来断定他们的好坏、能力的优劣。如果只是一味地看到下属的短处、劣势,怎么可能让他们积极地发挥自己的才能?怎么能够让班组形成一个强大的凝聚力?

⑤心胸宽广,善用贤才。“人有一种劣根性,通常情况下,一个二流人才会找三流人才做自己的助手,而三流人才会找四流人才做助手”,这是英国著名的政治家帕金森说过的一句话。我们在很多企业中经常会看到这样一种情况:一个公司里总经理最强,然后再往下一级比一级弱。最后,上面的领导还要骂下面的下属是蠢材。而究其根源,这一切都是领导自己造成的。要想让自己成为一个优秀的班组长,就要努力克服人性中的这一弱点,要敢于使用那些能力高于自己的人才。

6.

推行权变管理,灵活处理班务

“一切皆流,无物常驻”,因此,在班组的团队管理中要运用权变管理思想。权变管理认为并不存在一种适用于各种情况的普遍的管理原则和方法,管理只能依据各种具体的情况行事。管理人员的任务就是研究组织外部的经营环境和内部的各种因素,弄清这些因素之间的关系及其发展趋势,从而决定采用哪些适宜的管理模式和方法。

权变管理理论是20世纪70年代在美国形成的一种管理理论。这一理论的核心就是力图研究组织的各子系统内部和各子系统之间的相互联系,以及组织和它所处的环境之间的联系,并确定各种变数的关系类型和结构类型。它强调在管理中要根据组织所处的内外部条件随机应变,针对不同的具体条件寻求不同的最合适的管理模式、方案或方法。

权变理论就是要把环境对管理的作用具体化,并使管理理论与管理实践紧密地联系起来。这主要基于两方面的原因:一是考虑到有关环境的变数同相应的管理观念和技术之间的关系,使采用的管理观念和技术能有效地达到目标。二是考虑到环境变量与管理变量之间的函数关系,这种关系就是权变关系,它是权变管理理论的核心内容。环境可分为外部环境和内部环境。外部环境又可以分为两种:一种是由社会、技术、经济和政治、法律等所组成;另一种是由供应商、顾客、竞争者、雇员、股东等组成。内部环境基本上是正式组织系统,它的各个变量与外部环境各变量之间是相互关联的。决策、交流和控制、技术状况等管理变量包括各种管理观念和技术。

权变管理的应用非常广泛。比如,在组织结构设计中,权变管理认为企业的组织结构要与外部经营环境的稳定性、企业产品品种的多少以及所使用的工艺技术相适应,各种组织结构并无高下优劣之分。在领导方式中,权变管理认为没有什么固定的最优领导方式,应当根据领导者的个性、工作任务的性质、领导者拥有的职位权力、组织内的人际关系等具体情况 ,采用不同的领导方式。因此,在团队的权变管理中:①要把环境对管理的作用具体化,并使理论和实践紧密地联系起来。②要考虑到有关环境的变数同相应的管理观念和技术之间的关系,采用管理观念和技术达到目标。③环境变量与管理变量之间的函数关系是权变关系。要根据不同情况改革组织结构,改变领导方式,改进管理机制。

【拓展活动】 战俘

(1)时间

2~3分钟的游戏开场白,加上找出答案所需的时间。不同的小组找出答案所需时间可能会有非常大的差别。

(2)人数

不限,人数较多时,需要将队员划分成若干个由4个人组成的小组。

(3)道具

①两顶红帽子,分别装在两个不透明的厚纸袋子里。

②两顶蓝帽子,分别装在两个不透明的厚纸袋子里。

③一堵砖墙或是一棵大树(用来把一名队员和其他三名队员隔开)。

(4)概述

这是一个能让所有队员都开动脑筋的游戏。可以用它来培养团队精神、沟通能力、权变管理能力。单纯以娱乐为目的来玩也未尝不可。

(5)目的

①展示以小组为单位解决问题的好处,展示集体智慧的力量。

②培养队员在具体情景中的推理能力,并根据了解到的相

关信息进行权变处理

③娱乐。

④可以作为课外思考题。

准备:把4顶帽子分别放入4个纸袋子里,注意放的过程不要让队员们看见。在袋子上做好标记,以保证在发帽子时,给1号战俘一顶红帽子,2号战俘一顶蓝帽子,3号战俘一顶红帽子,4号战俘一顶蓝帽子。

(6)步骤

①告诉队员他们需要一起来解决一道难题。

②邀请4个志愿者充当战俘。给每个志愿者一个装有帽子的纸袋子,告诉他们得到命令之后才能打开纸袋子,不得擅自开启。

③让4个志愿者排队站好。1号战俘站在砖墙或大树的后面,将被戴上一顶红帽子;2号战俘站在砖墙或大树的另一侧,将被戴上一顶蓝帽子;3号战俘站在2号战俘的后面,将被戴上一顶红帽子;4号战俘站在3号战俘的后面,将被戴上一顶蓝帽子。4个志愿者站好后,告诉他们在任何情况下都不许说话和回头。

④让其他队员每4个人组成一个小组,并告诉他们保持沉默,仔细听。

⑤所有小组组建完毕、就位之后,给站好的4个"战俘"作游戏开场白,开场白如下:

请你们把自己想象成战俘集中营里的战俘。集中营的司令让你们4个人站成一排,并给每人戴一顶帽子。他不许你们移动、回头和说话。如果有人胆敢回头或说话,就会立刻被枪决。现在,请你们闭上眼睛,把帽子从袋子里拿出来,戴在头上。在这个过程中,任何人都不许看自己的帽子。司令让你们猜出自己所戴帽子的颜色,如果你们4个人中有人能说对自己所戴帽子的颜色,你们4个人都会被释放。但是,如果第一个答案是错误的,你们都会被枪决。显然,第一个答案将决定你们的命运。一个重要的已知条件是4项帽子中两顶是红的、两顶是蓝的。别忘了,不可以说话、走动和回头。

⑥有必要的话,重述一遍游戏开场白,以确保4个人都明确了问题和游戏规则。然后,对他们说:“从现在开始,你们说出的第一句话将会决定你们的生死。祝你们好运!”

⑦把其他小组带到这4个人听力所及的范围之外,问他们哪个战俘可能猜出自己帽子的颜色?为什么?

⑧游戏小组找到答案之后,引导队员就解决问题、团队合作和沟通、权变管理等方面展开讨论。

(7)讨论问题示例

①你们在游戏过程中碰到了什么问题?怎样分析问题答案的?每个人都做了什么?

②这个游戏揭示了什么道理?

③如何将这个游戏和我们的实际工作联系起来?

(8)变通

①可以让多个小组同时做这个游戏。

②每个小组都遵循上面的步骤,这样来做需要较长的游戏时间和更多的帽子。

③这个游戏也可以作为课外作业,让学员们自己去思考。

在战俘这一拓展活动中,可以看出权变管理的一些基本要求。事实上,在这一活动中,只有第三个战俘可以猜出自己所戴帽子的颜色。因为他可以看到自己前面的人(也就是2号战俘)戴着蓝帽子,他可以据此这样推理:如果他自己也戴着一顶蓝帽子的话,4号战俘就会看到两顶蓝帽子,那么4号战俘就可以知道自己戴的是红帽子;但是4号战俘没有说话,这说明4号战俘一定是看到了一顶蓝帽子和一顶红帽子。而自己已经看到了一顶蓝帽子,那么自己的帽子一定是红色的。在这一活动中,3号战俘所面临的实际情景有许多种,他要根据不同的情景做不同的推理,并以这些推理所得的信息来做出决策。由于多种因素的影响,因此他必须采用权变管理的方式进行决策。“没有绝对最好的东西,一切随条件而定”,这句格言也就是权变管理的核心思想。权变管理认为并不存在一种适用于各种情况的普遍的管理原则和方法,管理只能依据各种具体的情况行事。管理人员的任务就是研究组织外部的经营环境和内部的各种因素,弄清这些因素之间的关系及其发展趋势,从而决定采用哪些适宜的管理模式和方法。这一活动也揭示出权变管理理论的某些特点:强调根据不同的具体条件,采取相应的组织结构、领导方式、管理机制;把一个组织看作是社会系统中的分系统,要求组织各方面的活动都要适应外部环境的要求,依据环境变量进行管理。

参考文献

1. 下列拓展活动:诺亚方舟、制造游戏、搭帐篷、偏向虎山行、飞越激流、信任背摔、垫球、无声毕业墙、踢足球、脱离困境等引自网页:http://wenku. baidu. com/view/0b8e3e83b9d528ea81c779c8. html? re=view,《户外拓展训练游戏大全》

2. 制定《职业道德法典》引自网页:http://www. godzr. cn/plus/view. php? aid=1073

3. 下列拓展活动:坦然面对、打击团队之魔鬼、兔子舞等引自网页:http://blog. sina. com. cn/s/blog_6acde5550100lbn1. html,《拓展训练激励游戏》

4. 下列拓展活动:孤岛求救、链接加速、蜘蛛网、战俘、进球游戏、苹果与凤梨、执行力游戏、神奇的大脑、驿站传书、时间管理等引自网页:http://www. doc88. com/p-21874022050. html,《团体素质拓展游戏大全》